AF477213

Juan Ruiz de Alarcón

La verdad sospechosa

Barcelona **2024**
Linkgua-ediciones.com

Créditos

Título original: La verdad sospechosa.

© 2024, Red ediciones S.L.

e-mail: info@linkgua.com

Diseño de cubierta: Michel Mallard.

ISBN tapa dura: 978-84-1126-238-5.
ISBN rústica: 978-84-9816-304-9.
ISBN ebook: 978-84-9897-930-5.

Sumario

Brevísima presentación

La vida

Juan Ruiz de Alarcón y Mendoza (1581-1639). México.

Nació en México y vivió gran parte de su vida en España. Era hijo de Pedro Ruiz de Alarcón y Leonor de Mendoza, ambos con antepasados de la nobleza. Estudió abogacía en la Real y Pontificia Universidad de la Ciudad de México y a comienzos del siglo XVII viajó a España donde obtuvo el título de bachiller de cánones en la Universidad de Salamanca. Ejerció como abogado en Sevilla (1606) y regresó a México a terminar sus estudios de leyes en 1608.

En 1614 volvió otra vez a España y trabajó como relator del Consejo de Indias. Era deforme (jorobado de pecho y espalda) por lo que fue objeto de numerosas burlas de escritores contemporáneos como Francisco de Quevedo, que lo llamaba «corcovilla», Félix Lope de Vega y Pedro Calderón de la Barca.

Personajes

Camino, escudero
Don Beltrán, viejo grave
Don Félix, galán
Don García, galán
Don Juan de Luna, viejo grave
Don Juan de Sosa, galán
Don Sancho, viejo grave
Doña Jacinta, dama
Doña Lucrecia, dama
Isabel, criada
Tristán, gracioso
Un Criado
Un Letrado
Un Paje

Jornada primera

[Sala en casa de don Beltrán.]

(Salen por una puerta don García y un Letrado viejo, de estudiantes, de camino; y, por otra, don Beltrán y Tristán.)

Beltrán   Con bien vengas, hijo mío.

García   Dame la mano, señor.

Beltrán   ¿Cómo vives?

García   El calor
del ardiente y seco estío
  me ha afligido de tal suerte
que no pudiera llevallo,
señor, a no mitigallo
con la esperanza de verte.

Beltrán   Entra, pues, a descansar.
Dios te guarde. ¡Qué hombre vienes!
¡Tristán!

Tristán   ¿Señor?

Beltrán   Dueño tienes
nuevo ya de quien cuidar.
  Sirve desde hoy a García;
que tú eres diestro en la corte
y él bisoño.

Tristán   En lo que importa,
yo le serviré de guía.

| Beltrán | No es criado el que te doy; |
| | mas consejero y amigo. |

| García | Tendrá ese lugar conmigo. |

| Tristán | Vuestro humilde esclavo soy. |
| | *Vanse don García y Tristán* |

| Beltrán | Déme, señor Licenciado |
| | los brazos. |

| Letrado | Los pies os pido. |

| Beltrán | Alce ya, ¿Cómo ha venido? |

Letrado	Bueno, contento, honrado
	de mi señor don García,
	a quien tanto amor cobré,
	que no sé cómo podré
	vivir sin su compañía.

Beltrán	Dios le guarde, que, en efeto,
	siempre el señor Licenciado
	claros indicios ha dado
	de agradecido y discreto.
	Tan precisa obligación
	me huelgo que haya cumplido
	García, y que haya acudido
	a lo que es tanta razón.
	Porque le aseguro yo
	que es tal mi agradecimiento,
	que, como un corregimiento
	mi intercesión la alcanzó

—según mi amor, desigual—,
de la misma suerte hiciera
darle también, si pudiera
plaza en Consejo Real.

Letrado   De vuestro valor lo fío.

Beltrán   Sí, bien lo puede creer.
Mas yo me doy a entender
que, si con el favor mío
en ese escalón primero
se ha podido poner, ya
sin mi ayuda subirá
con su virtud al postrero.

Letrado   En cualquier tiempo y lugar
he de ser vuestro criado.

Beltrán   Ya, pues, señor Licenciado
que el timón ha de dejar
de la nave de García,
y yo he de encargarme de él,
que hiciese por mí y por él
sola una cosa querría.

Letrado   Ya, señor, alegre espero
lo que me queréis mandar.

Beltrán   La palabra me ha de dar
de que lo ha de hacer, primero.

Letrado   Por Dios juro de cumplir,
señor, vuestra voluntad.

Beltrán   Que me diga una verdad
                           le quiero solo pedir.
                              Ya sabe que fue mi intento
                           que el camino que seguía
                           de las letras, don García,
                           fuese su acrecentamiento;
                              que, para un hijo segundo,
                           como él era, es cosa cierta
                           que es ésa la mejor puerta
                           para las honras del mundo.
                              Pues como Dios se sirvió
                           de llevarse a don Gabriel,
                           mi hijo mayor, con que él
                           mi mayorazgo quedó,
                              determiné que, dejada
                           esa profesión, viniese
                           a Madrid, donde estuviese,
                           como es cosa acostumbrada
                              entre ilustres caballeros
                           en España; porque es bien
                           que las nobles casas den
                           a su rey sus herederos.
                              Pues como es ya don García
                           hombre que no ha de tener
                           maestro, y ha de correr
                           su gobierno a cuenta mía,
                              y mi paternal amor
                           con justa razón desea
                           que, ya que el mejor no sea,
                           no la noten por peor,
                              quiero, señor Licenciado,
                           que me diga claramente
                           sin lisonja, lo que siente
                           —supuesto que le ha criado—

de su modo y condición,
de su trato y ejercicio,
y a qué género de vicio
muestra más inclinación.
    Si tiene alguna costumbre
que yo cuide de enmendar,
no piense que me ha de dar
con decirlo pesadumbre;
    que él tenga vicio es forzoso;
que me pese, claro está;
mas saberlo me será
útil, cuando no gustoso.
    Antes en nada, a fe mía
hacerme puede mayor
placer, o mostrar mejor
lo bien que quiere a García,
    que en darme este desengaño,
cuando provechoso es,
si he de saberlo después
que haya sucedido un daño.

Letrado   Tan estrecha prevención,
señor, no era menester
para reducirme a hacer
lo que tengo obligación.
    Pues es caso averiguado
que, cuando entrega al señor
un caballo el picador
que lo ha impuesto y enseñado,
    si no le informa del modo
y los resabios que tiene,
un mal suceso previene
al caballo y dueño y todo.
    Deciros verdad es bien;

que, demás del juramento,
daros una purga intento
que os sepa mal y haga bien.
    De mi señor don García
todas las acciones tienen
cierto acento, en que convienen
con su alta genealogía.
    Es magnánimo y valiente,
es sagaz y es ingenioso,
es liberal y piadoso,
si repentino, impaciente.
    No trato de las pasiones
propias de la mocedad,
porque, en ésas, con la edad
se mudan las condiciones.
    Mas una falta no más
es la que le he conocido,
que, por más que le he reñido,
no se ha enmendado jamás.

Beltrán

    ¿Cosa que a sus calidad
será dañosa en Madrid?

Letrado

Puede ser.

Beltrán

        ¿Cuál es? Decid.

Letrado

No decir siempre verdad.

Beltrán

    ¡Jesús! ¡Qué cosa tan fea
en hombre de obligación!

Letrado

Yo pienso que, o condición,
o mala costumbre sea.

Con la mucha autoridad
que con él tenéis, señor,
junto con que ya es mayor
su cordura con la edad,
   ese vicio perderá.

Beltrán   Si la vara no ha podido,
en tiempo que tierna ha sido,
enderezarse, ¿qué hará
   siendo ya tronco robusto?

Letrado   En Salamanca, señor,
son mozos, gastan humor,
sigue cada cual su gusto;
   hacen donaire del vicio,
gala de la travesura,
grandeza de la locura;
hace, al fin, la edad su oficio.
   Mas, en la corte, mejor
su enmienda esperar podemos,
donde tan validas vemos
las escuelas del honor.

Beltrán   Casi me mueve a reír
ver cuán ignorante está
de la corte. ¿Luego acá
no hay quien le enseñe a mentir?
   En la corte, aunque haya sido
un extremo don García,
hay quien le dé cada día
mil mentiras de partido.
   Y si aquí miente el que está
en un puesto levantado,
en cosa en que al engañado

la hacienda o honor le va,
    ¿no es mayor inconveniente
quien por espejo está puesto
al reino? Dejemos esto,
que me voy a maldiciente.
    Como el toro a quien tiró
la vara una diestra mano
arremete al más cercano
sin mirar a quien le hirió,
    así yo, con el dolor
que esta nueva me ha causado,
en quien primero he encontrado
ejecuté mi furor.
    Créame, que si García
mi hacienda, de amores ciego,
disipara, o en el juego
consumiera noche y día;
    si fuera de ánimo inquieto
y a pendencias inclinado,
si mal se hubiera casado,
si se muriera, en efeto,
    no lo llevara tan mal
como que su falta sea
mentir. ¡Qué cosa tan fea!
¡Qué opuesta a mi natural!
    Ahora bien; lo que he de hacer
es casarle brevemente,
antes que este inconveniente
conocido venga a ser.
    Yo quedo muy satisfecho
de su bueno celo y cuidado,
y me confieso obligado
del bien que en esto me ha hecho.
    ¿Cuándo ha de partir?

Letrado   Querría
luego.

Beltrán   ¿No descansará
algún tiempo y gozará
de la corte?

Letrado   Dicha mía
fuera quedarme con vos;
pero mi oficio me espera.

Beltrán   Ya entiendo; volar quisiera
porque va a mandar. Adiós.

(Vase don Beltrán.)

Letrado   Guárdeos Dios. Dolor extraño
le dió al buen viejo la nueva.
Al fin, el más sabio lleva
agramente un desengaño.

[Una calle en las platerías.]

(Vase el Letrado. Salen don García, de galán, y Tristán.)

García   ¿Díceme bien este traje?

Tristán   Divinamente, señor.
¡Bien hubiese el inventor
de este holandesco follaje!
    Con un cuello apanalado,
¿qué fealdad no se enmendó?
Yo sé una dama a quien dio

cierto amigo gran cuidado
    mientras con cuello le veía;
y una vez que llegó a verle
sin él, la obligó a perderle
cuanta afición le tenía,
    porque ciertos costurones
en la garganta cetrina
publicaban la ruina
de pasados lamparones.
    Las narices le crecieron,
mostró un gran palmo de oreja,
y las quijadas, de vieja,
en lo enjuto, parecieron.
    Al fin el galán quedó
tan otro del que solía,
que no le conocería
la madre que le parió.

García
    Por esa y otras razones
me holgara de que saliera
premática que impidiera
esos vanos cangilones.
    Que, demás de esos engaños,
con su holanda el extranjero
saca de España el dinero
para nuestros propios daños.
    Una valoncilla angosta,
usándose, le estuviera
bien al rostro, y se anduviera
más a gusto a menos costa.
    Y no que, con tal cuidado,
sirve un galán a su cuello
que, por no descomponello,
se obliga a andar empalado.

Tristán

    Yo sé quien tuvo ocasión
de gozar su amada bella,
y no osó llegarse a ella
por no ahujar un cangilón.
    Y esto me tiene confuso;
todos dicen que se holgaran
de que valonas se usaran,
y nadie comienza el uso.

García

    De gobernar nos dejemos
el mundo. ¿Qué hay de mujeres?

Tristán

¿El mundo dejas y quieres
que la carne gobernemos?
    ¿Es más fácil?

García

                Más gustoso.

Tristán

¿Eres tierno?

García

            Mozo soy.

Tristán

Pues en lugar entras hoy
donde Amor no vive ocioso.
    Resplandecen damas bellas
en el cortesano suelo,
de la suerte que en el cielo
brillan lucientes estrellas.
    En el vicio y la virtud
y el estado hay diferencia,
como es varia su influencia,
resplandor y magnitud.
    Las señoras, no es mi intento

que en este número estén,
que son ángeles a quien
no se atreve el pensamiento.
    Solo te diré de aquellas
que son, con alma livianas
siendo divinas, humanas;
corruptibles, siendo estrellas.
    Bellas casadas verás,
conversables y discretas,
que las llamo yo planetas
porque resplandecen más.
    Éstas, con la conjunción
de maridos placenteros,
influyen en extranjeros
dadivosa condición.
    Otras hay cuyos maridos
a comisiones se van,
o que en las Indias están,
o en Italia, entretenidos.
    No todas dicen verdad
en esto, que mi taimadas
suelen fingirse casadas
por vivir con libertad.
    Verás de cautas pasantes
hermosas recientes hijas;
éstas son estrellas fijas,
y sus madres son errantes.
    Hay una gran multitud
de señoras del tusón,
que, entre cortesanas, son
de la mayor magnitud.
    Síguense tras las tusonas,
otras que serlo desean,
y, aunque tan buenas no sean,

son mejores que busconas.
    Éstas son unas estrellas
que dan menor claridad;
mas, en la necesidad,
te habrás de alumbrar con ellas.
    La buscona, no la cuento
por estrella, que es cometa;
pues ni su luz es perfeta
ni conocido su asiento.
    Por las mañanas se ofrece
amenazando al dinero,
y, en cumpliéndose el agüero,
al punto desaparece.
    Niñas salen que procuran
gozar todas ocasiones;
éstas son exhalaciones
que, mientras se queman, duran.
    Pero que adviertas es bien,
si en estas estrellas tocas,
que son estables muy pocas,
por más que un Perú les den.
    No ignores, pues yo no ignoro,
que un signo el de Virgo es,
y los de cuernos son tres:
Aries, Capricornio y Toro.
    Y así, sin fiar en ellas,
lleva un presupuesto solo,
y es que el dinero es el polo
de todas estas estrellas.

García   ¿Eres astrólogo?

Tristán   Oí,
el tiempo que pretendía

en palacio, astrología.

García

¿Luego has pretendido?

Tristán

                    Fui
pretendiente por mi mal.

García

¿Cómo en servir has parado?

Tristán

Señor, porque me han faltado
la fortuna y el caudal;
    aunque quien te sirve, en vano
por mejor suerte suspira.

García

Deja lisonjas y mira
el marfil de aquella mano;
    el divino resplandor
de aquellos ojos, que, juntas,
despiden entre las puntas
flechas de muerte y amor.

Tristán

    ¿Dices aquella señora
que va en coche?

García

                    Pues ¿cuál
merece alabanza igual?

Tristán

¡Qué bien encajaba agora
    esto de coche de Sol,
con todos sus adherentes
de rayos de fuego ardientes
y deslumbrante arrebol!

García

    ¿La primera dama que vi

en la corte me agradó?

Tristán   La primera en tierra.

García   No;
la primera en cielo, sí;
   que es divina esta mujer.

Tristán   Por puntos las toparás
tan bellas, que no podrás
ser firme en un parecer.
   Yo nunca he tenido aquí
constante amor ni deseo,
que siempre por la que veo
me olvido de la que vi.

García   ¿Dónde ha de haber resplandores
que borren los de estos ojos?

Tristán   Míraslos ya con antojos
que hacen las cosas mayores.

García   ¿Conoces, Tristán?...

Tristán   No humanes
lo que por divino adoras;
porque tan altas señoras
no tocan a los Tristanes.

García   Pues yo, al fin, quien fuere, sea,
la quiero y he de servilla.
Tú puedes, Tristán, seguilla.

Tristán   Detente, que ella se apea

en la tienda.

García   Llegar quiero.
¿Usase en la corte?

Tristán   Sí,
con la regla que te di
de que es el polo el dinero.

García   Oro traigo.

Tristán   ¡Cierra, España!,
que a César llevas contigo;
mas mira si en lo que digo
mi pensamiento se engaña;
    advierte, señor, si aquélla
que tras ella sale agora
puede ser Sol de su aurora,
ser aurora de su estrella.

García   Hermosa es también.

Tristán   Pues mira
si la criada es peor.

García   El coche es arco de amor,
y son flechas cuantas tira.
    Yo llego.

Tristán   A lo dicho advierte...

García   ¿Y es?...

Tristán   Que a la mujer rogando,

y con el dinero dando.

García   ¡Consista en eso mi suerte!

Tristán   Pues yó, mientras hablas, quiero
que me haga relación
el cochero de quién son.

García   ¿Dirálo?

Tristán   Sí, que es cochero.

(Vase Tristán. Salen Jacinta, Lucrecia, Isabel, con mantos; cae Jacinta y llega don García y dale la mano.)

Jacinta   ¡Válgame Dios!

García   Esta mano
os servid de que os levante,
si merezco ser Atlante
de un cielo tan soberano.

Jacinta   Atlante debéis de ser,
pues lo llegáis a tocar.

García   Una cosa es alcanzar
y otra cosa merecer.
¿Qué victoria es la beldad
alcanzar, por quien me abraso,
si es favor que debo al caso,
y no a vuestra voluntad?
Con mi propia mano así
el cielo mas ¿qué importó,
si ha sido porque él cayó,

y no porque yo subí?

Jacinta

   ¿Para qué fin se procura
merecer?

García

      Para alcanzar.

Jacinta

Llegar al fin, sin pasar
por los medios, ¿no es ventura?

García

   Sí.

Jacinta

   Pues ¿cómo estáis quejoso
del bien que os ha sucedido,
si el no haberlo merecido
os hace más venturoso?

García

   Porque, como las acciones
del agravio y el favor
reciben todo el valor
solo de las intenciones,
   por la mano que os toqué
no estoy yo favorecido,
si haberlo vos consentido
con esa intención no fue.
   Y, así, sentir me dejad
que, cuando tal dicha gano,
venga sin alma la mano
y el favor sin voluntad.

Jacinta

   Si la vuestra no sabía,
de que agora me informáis,
injustamente culpáis
los defetos de la mía.

(Sale Tristán.)

Tristán (Aparte.)   (El cochero hizo su oficio;
nuevas tengo de quién son.)

García   ¿Qué hasta aquí de mi afición
nunca tuvisteis indicio?

Jacinta   ¿Cómo, si jamás os vi?

García   ¿Tampoco ha valido, iay Dios!,
más de un año que por vos
he andado fuera de mí?

Tristán (Aparte.)   (¿Un año, y ayer llegó
a la corte?)

Jacinta   ¡Bueno a fe!
¿Mas de un año? Juraré
que no os vi en mi vida yo.

García   Cuando del indiano suelo
por mi dicha llegué aquí,
la primer cosa que vi
fue la gloria de ese cielo.
Y aunque os entregué al momento
el alma, habéislo ignorado
porque ocasión me ha faltado
de deciros lo que siento.

Jacinta   ¿Sois indiano?

García   Y tales son

mis riquezas, pues os vi,
que al minado Potosí
le quito la presunción.

Tristán (Aparte.)   (¿Indiano?)

Jacinta   ¿Y sois tan guardoso
como la fama los hace?

García   Al que más avaro nace,
hace el amor dadivoso.

Jacinta   ¿Luego, si decís verdad,
preciosas ferias espero?

García   Si es que ha de dar el dinero
crédito a la voluntad,
   serán pequeños empleos,
para mostrar lo que adoro,
daros tantos mundos de oro
como vos me dais deseos.
   Mas ya que ni al merecer
de esa divina beldad,
ni a mi inmensa voluntad
ha de igualar el poder,
   por lo menos os servid;
que esta tienda que os franqueo
dé señal de mi deseo.

Jacinta (Aparte.)   (No vi tal hombre en Madrid.)
   Lucrecia, ¿qué te parece
del indiano liberal?

Lucrecia   Que no te parece mal,

Jacinta, y que lo merece.

García   Las joyas que gusto os dan,
tomad de este aparador.

(Habla Tristán aparte a don García.)

Tristán   Mucho te arrojas, señor.

García   ¡Estoy perdido, Tristán.

(Habla Isabel aparte a las damas.)

Isabel   ¡Don Juan viene!

Jacinta   Yo agradezco,
señor, lo que me ofrecéis.

García   Mirad que me agraviaréis
si no logréis lo que ofrezco.

Jacinta   Yerran vuestros pensamientos,
caballero, en presumir
que puedo yo recibir
más que los ofrecimientos.

García   Pues ¿Qué ha alcanzado de vos
el corazón que os he dado?

Jacinta   El haberos escuchado.

García   Yo lo estimo.

Jacinta   Adiós.

García   Adiós,
y para amaros me dad
licencia.

Jacinta   Para querer,
no pienso que ha menester
licencia la voluntad.

(Vanse las mujeres.)

García   Síguelas.

Tristán   Si te fatigas,
señor, por saber la casa
de la que en amor te abrasa,
ya la sé.

García   Pues no las sigas;
que suele ser enfadosa
la diligencia importuna.

Tristán   «Doña Lucrecia de Luna
se llama la más hermosa,
   que es mi dueño; y la otra dama
que acompañándola viene,
sé dónde la casa tiene;
mas no sé cómo se llama.»
   Esto respondió el cochero.

García   Si es Lucrecia la más bella,
no hay más que saber, pues ella
es la que habló, y la que quiero;
   que, como el autor del día

las estrellas deja atrás,
de esa suerte a las demás,
la que me cegó, vencía.

Tristán   Pues a mí la que calló
me pareció más hermosa.

García   ¡Qué buen gusto!

Tristán   Es cierta cosa
que no tengo voto yo;
 mas soy tan aficionado
a cualquier mujer que calla,
que bastó para juzgalla
más hermosa haber callado.
 Mas dado, señor, que estés
errado tú, presto espero,
preguntándole al cochero
la casa, saber, quién es.

García   Y Lucrecia, ¿dónde tiene
la suya?

Tristán   Que a la Victoria
dijo, si tengo memoria.

García   Siempre ese nombre conviene
 a la esfera venturosa
que da eclíptica a tal Luna.

(Salen don Juan y don Félix, por otra parte.)

Juan   ¿Música y cena? ¡Ah, Fortuna!

García ¿No es éste don Juan de Sosa?

Tristán El mismo.

Juan ¿Quién puede ser
el amante venturoso
que me tiene tan celoso?

Félix Que lo vendréis a saber
a pocos lances, confío.

Juan ¡Que otro amante le haya dado,
a quien mía se ha nombrado,
música y cena en el río!

García ¡Don Juan de Sosa!

Juan ¿Quién es?

García ¿Ya olvidáis a don García?

Juan Veros en Madrid lo hacía,
y el nuevo traje.

García Después
que en Salamanca me visteis,
muy otro debo de estar.

Juan Más galán sois de seglar
que de estudiante lo fuisteis.
¿Venís a Madrid de asiento?

García Sí.

Juan   Bien venido seáis.

García   Vos, don Félix, ¿cómo estáis?

Félix   De veros, por Dios, contento.
                           Vengáis bueno en hora buena.

García   Para serviros. ¿Qué hacéis?
                        ¿De qué habláis? ¿En qué entendéis?

Juan   De cierta música y cena
                           que en el río dio un galán
                        esta noche a una señora,
                        era la plática agora.

García   ¿Música y cena, don Juan?
                           ¿Y anoche?

Juan   Sí.

García   ¿Mucha cosa?
                        ¿Grande fiesta?

Juan   Así es la fama.

García   ¿Y muy hermosa la dama?

Juan   Dícenme que es muy hermosa.

García   ¡Bien!

Juan   ¿Qué misterios hacéis?

García   De que alabéis por tan buena

esa dama y esa cena,
si no es que alabando estéis
mi fiesta y mi dama así.

Juan   ¿Pues tuvisteis también boda
anoche en el río?

García   Toda
en eso la consumí.

Tristán (Aparte.)   (¿Qué fiesta o qué dama es ésta,
si a la corte llegó ayer?)

Juan   ¿Ya tenéis a quien hacer,
tan recién venido, fiesta?
Presto el amor dio con vos.

García   No ha tan poco que he llegado
que un mes no haya descansado.

Tristán (Aparte.)   (¡Ayer llegó, voto a Dios!
Él lleva alguna intención.)

Juan   No lo he sabido, a fe mía,
que al punto acudido habría,
a cumplir mi obligación.

García   He estado hasta aquí secreto.

Juan   Ésa la causa habrá sido
de no haberlo yo sabido.
Pero la fiesta, ¿en efeto
fue famosa?

García   Por ventura,
no la dio mejor el río.

Juan (Aparte.)   (¡Ya de celos desvarío!)
¿Quién duda que la espesura
  del Sotillo el sitio os dio?

García   Tales señas me vaya dando,
don Juan, que voy sospechando
que la sabéis como yo.

Juan   No estoy de todo ignorante,
aunque todo no lo sé;
dijéronme no sé qué
confusamente, bastante
  a tenerme deseoso
de escucharos la verdad,
forzosa curiosidad
en un cortesano ocioso...
(Aparte.)   (o en un amante con celos).

(Don Félix habla aparte a don Juan.)

Félix   Advertid cuán sin pensar
os han venido a mostrar
vuestro contrario los cielos.

García   Pues a la fiesta atended:
contaréla, ya que veo
que os fatiga ese deseo.

Juan   Haréisnos mucha merced.

García   Entre las opacas sombras

y opacidades espesas
que el soto formaba de olmos
y la noche de tinieblas,
se ocultaba una cuadrada,
limpia y olorosa mesa,
a lo italiano curiosa,
a lo español opulenta.
En mil figuras prensados
manteles y servilletas,
solo envidiaron las almas
a las aves y a las fieras.
Cuatro aparadores puestos
en cuadra correspondencia,
la plata blanca y dorada,
vidrios y barros ostentan.
Quedó con ramas un olmo
en todo el Sotillo apenas,
que de ellas se edificaron,
en varias partes, seis tiendas.
Cuatro coros diferentes
ocultan las cuatro de ellas;
otra, principios y postres,
y las viandas, la sexta.
Llegó en su coche mi dueño,
dando envidia a las estrellas;
a los aires, suavidad,
y alegría a la ribera.
Apenas el pie que adoro
hizo esmeraldas ya hierba,
hizo cristal la corriente,
las arenas hizo perlas,
cuando, en copia disparados
cohetes, bombas y ruedas,
toda la región del fuego

bajó en un punto a la tierra.
Aun no las sulfúreas luces
se acabaron, cuando empiezan
las de veinte y cuatro antorchas
a oscurecer las estrellas.
Empezó primero el coro
de chirimías; tras ellas,
el de las vihuelas de arco
sonó en la segunda tienda.
Salieron con suavidad
las flautas de la tercera,
y, en la cuarta, cuatro voces,
con guitarras y arpas suenan.
Entre tanto, se sirvieron
treinta y dos platos de cena,
sin los principios y postres,
que casi otros tantos eran.
Las frutas y las bebidas
en fuentes y tazas hechas
del cristal que da el invierno
y el artificio conserva,
de tanta nieve se cubren,
que Manzanares sospecha,
cuando por el Soto pasa,
que camina por la sierra.
El olfato no está ocioso
cuando el gusto se recrea,
que de espíritus suaves,
de pomos y cazolejas
y distilados sudores
de aromas, flores y hierbas,
en el Soto de Madrid
se vio la región sabea.
en un hombre de diamantes,

delicadas de oro flechas,
que mostrasen a mi dueño
su crueldad y mi firmeza,
al sauce, al junco y la mimbre
quitaron su preeminencia;
que han de ser oro las pajas
cuando los dientes son perlas.
En esto, juntas en folla,
los cuatro coros comienzan,
desde conformes distancias,
a suspender las esferas;
tanto que, envidioso Apolo,
apresuró su carrera,
de todas estas estrellas.
porque el principio del día
pusiese fin a la fiesta.

Juan   ¡Por Dios, que la habéis pintado
de colores tan perfetas,
que no trocara el oírla
por haberme hallado en ella!

Tristán (Aparte.)   (¡Válgate el diablo por hombre!
¡Que tan de repente pueda
pintar un convite tal
que a la verdad misma venza!)

(Hablan don Juan y don Félix aparte.)

Juan   ¡Rabio de celos!

Félix   No os dieron
del convite tales señas.

Juan

¿Qué importa, si en la sustancia,
el tiempo y lugar concuerdan?

García

¿Qué decís?

Juan

Que fue el festín
más célebre que pudiera
hacer Alejandro Magno.

García

¡Oh! Son niñerías éstas
ordenadas de repente.
Dadme vos que yo tuviera
para prevenirme un día,
que a las romanas y griegas
fiestas que al mundo admiraron
nueva admiración pusiera.

(Don García mira adentro. Hablan don Félix y don Juan aparte.)

Félix

Jacinta es la del estribo,
en el coche de Lucrecia.

Juan

Los ojos a don García
se le van, por Dios, tras ella.

Félix

Inquieto está y divertido.

Juan

Ciertas son ya mis sospechas.

Los dos

Adiós.

Félix

Entrambos a un punto
fuisteis a una cosa mesma.

(Vanse don Juan y don Félix.)

Tristán (Aparte.) (No vi jamás despedida
        tan conforme y tan resuelta.)

García   Aquel cielo, primer móvil
        de mis acciones, me lleva
        arrebatado tras sí.

Tristán   Disimula y ten paciencia,
        que el mostrarse muy amante,
        antes daña que aprovecha,
        y siempre he visto que son
        venturosas las tibiezas.
        Las mujeres y los diablos
        caminan por una senda,
        que a las almas rematadas
        ni las siguen ni las tientan;
        que el tenellas ya seguras
        les hace olvidarse de ellas,
        y solo de las que pueden
        escapárselas se acuerdan.

García   Es verdad, mas no soy dueño
        de mí mismo.

Tristán   Hasta que sepas
        extensamente su estado,
        no te entregues tan de veras;
        que suele dar, quien se arroja
        creyendo las apariencias,
        en un pantano cubierto
        de verde, engañosa hierba.

García	Pues hoy te informa de todo.

Tristán	Eso queda por mi cuenta. Y agora, antes que reviente, dime, por Dios, ¿qué fina llevas en las ficciones que he oído? Siquiera para que pueda ayudarte, que cogernos en mentira será afrenta. Perulero te fingiste con las damas.

García	Cosa es cierta, Tristán, que los forasteros tienen más dicha con ellas, y más si son de las Indias, información de riqueza.

Tristán	Ese fin está entendido; mas pienso que el medio yerras, pues han de saber al fin quién eres.

García	Cuando lo sepan, habré ganado en su casa o en su pecho ya las puertas con ese medio, y después, yo me entenderé con ellas.

Tristán	Digo que me has convencido, señor; mas agora venga lo de haber un mes que estás en la corte. ¿Qué fin llevas, habiendo llegado ayer?

García   Ya sabes tú que es grandeza
                esto de estar encubierto
                o retirado en su aldea,
                o en su casa descansando.

Tristán   ¡Vaya muy en hora buena!
                Lo del convite entre agora.

García   Fingílo, porque me pesa
                que piense nadie que hay cosa
                que mover mi pecho pueda
                a envidia o admiración,
                pasiones que al hombre afrentan.
                Que admirarse en ignorancia,
                como envidiar es bajeza.
                Tú no sabes a qué sabe
                cuando llega un portanuevas
                muy orgulloso a contar
                una hazaña o una fiesta,
                taparle la boca yo
                con otra tal, que se vuelva
                con sus nuevas en el cuerpo
                y que reviente con ellas.

Tristán   ¡Caprichosa prevención,
                si bien peligrosa treta!
                La fábula de la corte
                serás, si la flor te entrevan.

García   Quien vive sin ser sentido,
                quien solo el número aumenta
                y hace lo que todos hacen,
                ¿en qué difiere de bestia?

Ser famosos en gran cosa,
el medio cual fuere sea.
Nómbrenme a mí en todas partes,
y murmúrenme siquiera;
pues, uno, por ganar nombre,
abrasó el templo de Efesia.
Y, al fin, es éste mi gusto,
que es la razón de más fuerza.

Tristán   Juveniles opiniones
sigue tu ambiciosa idea,
y cerrar has menester
en la corte, la mollera.

(Vanse don García y Tristán.)

[Sala en casa de don Sancho.]

(Salen Jacinta e Isabel, con mantos, y don Beltrán y don Sancho.)

Jacinta   ¿Tan grande merced?

Beltrán   No ha sido
amistad de un solo día
la que esta casa y la mía,
si os acordáis, se han tenido;
   y así, no es bien que extrañéis
mi visita.

Jacinta   Si me espanto
es, señor, por haber tanto
que merced no nos hacéis.
   Perdonadme que, ignorando
el bien que en casa tenía,

me tardé en la Platería,
ciertas joyas concertando.

Beltrán   Feliz pronóstico dais
al pensamiento que tengo,
pues cuando a casaros vengo
comprando joyas estáis.
    Con don Sancho, vuestro tío,
tengo tratado, señora,
hacer parentesco agora
nuestra amistad, y confío
    —puesto que, como discreto,
dice don Sancho que es justo
remitirse a vuestro gusto—
que esto ha de tener efeto.
    Que, pues es la hacienda mía
y calidad tan patente,
solo falta que os contente
la persona de García.
    Y aunque ayer a Madrid vino
de Salamanca el mancebo,
y de envidia el rubio Febo
le ha abrasado en el camino,
    bien me atreveré a ponello
ante vuestros ojos claros,
fiando que de agradaros
desde la planta al cabello,
    si licencia le otorgáis
para que os bese la mano.

Jacinta   Encarecer lo que gano
en la mano que me dais,
    si es notorio, es vano intento,
que estimo de tal manera

las prendas vuestras, que diera
luego mi consentimiento,
    a no haber de parecer
—por mucho que en ello gano—
arrojamiento liviano
en una honrada mujer.
    Que el breve determinarse
es cosa de tanto peso,
o es tener muy poco seso
o gran gana de casarse.
    Y en cuanto a que yo lo vea
me parece, si os agrada,
que, para no arriesgar nada,
pasando la calle sea.
    Que si, como puede ser
y sucede a cada paso,
después de tratarlo, acaso
se viniese a deshacer,
    ¿de qué me hubieran servido,
o qué opinión me darán
las visitas de un galán
con licencias de marido?

Beltrán   Ya por vuestra gran cordura,
si es mi hijo vuestro esposo,
le tendré por tan dichoso
como por vuestra hermosura.

Sancho   De prudencia puede ser
un espejo la que oís.

Beltrán   No sin causa os remitís,
don Sancho, a su parecer.
    Esta tarde, con García,

a caballo pasaré
vuestra calle.

Jacinta   Yo estaré
detrás de esa celosía.

Beltrán   Que le miréis bien os pido,
que esta noche he de volver,
Jacinta hermosa, a saber
cómo os haya parecido.

Jacinta   ¿Tan apriesa?

Beltrán   Este cuidado
no admiréis, que es ya forzoso;
pues si vine deseoso
vuelvo agora enamorado.
     Y adiós.

Jacinta   Adiós.

(Habla don Beltrán a don Sancho.)

Beltrán   ¿Dónde vais?

Sancho   A serviros.

Beltrán   No saldré.

Sancho   Al corredor llegaré
con vos, si licencia dais.

(Vanse los dos.)

Isabel   Mucha priesa te da el viejo.

Jacinta   Yo se la diera mayor,
                          pues también le está a mi honor,
                          si a diferente consejo
                          no me obligara el amor;
                              que, aunque los impedimentos
                          del hábito de don Juan
                          —dueño de mis pensamientos—
                          forzosa causa me dan
                          de admitir otros intentos,
                              como su amor no despido,
                          por mucho que lo deseo
                          —que vive en el alma asido—
                          tiemblo, Isabel, cuando creo
                          que otro ha de ser mi marido.

Isabel   Yo pensé que ya olvidabas
                          a don Juan, viendo que dabas
                          lugar a otras pretensiones.

Jacinta   Cáusanlo estas ocasiones,
                          Isabel, no te engañabas.
                              Que como ha tanto que está
                          el hábito detenido,
                          y no ha de ser mi marido
                          si no sale, tengo ya
                          este intento por perdido.
                              Y así, para no morirme,
                          quiero hablar y divertirme,
                          pues en vano me atormento;
                          que en un imposible intento
                          no apruebo el morir de firme.
                              Por ventura encontraré

              alguno que tal merezca,
              que mano y alma le dé.

Isabel   No dudo que el tiempo ofrezca
              sujeto digno a tu fe;
                 y, si no me engaño yo,
              hoy no te desagradó
              el galán indiano.

Jacinta   Amiga,
              ¿quieres que verdad te diga?
              Pues muy bien me pareció.
                 Y tanto, que te prometo
              que si fuera tan discreto,
              tan gentilhombre y galán
              el hijo de don Beltrán,
              tuviera la boda efeto.

Isabel   Esta tarde le verás
              con su padre por la calle.

Jacinta   Veré solo el rostro y talle;
              el alma, que importa más,
              quisiera ver con hablalle.

Isabel   Háblale.

Jacinta   Hase de ofender
              don Juan si llega a sabello,
              y no quiero, hasta saber
              que de otro dueño he de ser,
              determinarme a perdello.

Isabel   Pues da algún medio, y advierte

que siglos pasas en vano,
y conviene resolverte,
que don Juan es, de esta suerte,
el perro del hortelano.
    Sin que lo sepa don Juan
podrás hablar, si tú quieres,
al hijo de don Beltrán;
que, como en su centro, están
las trazas en las mujeres.

Jacinta   Una pienso que podría
en este caso importar.
Lucrecia es amiga mía;
ella puede hacer llamar
de su parte a don García;
    que, como secreta esté
yo con ella en su ventana,
este fin conseguiré.

Isabel   Industria tan soberana
solo de tu ingenio fue.

Jacinta   Pues parte al punto, y mi intento
le di a Lucrecia, Isabel.

Isabel   Sus alas tomaré al viento.

Jacinta   La dilación de un momento
le di que es un siglo en él.

(Sale don Juan, al encuentro.)

Juan   ¿Puedo hablar a tu señora?

Isabel

Solo un momento ha de ser,
que de salir a comer
mi señor don Sancho es hora.

(Vase Isabel.)

Juan

   Ya, Jacinta, que te pierdo,
ya que yo me pierdo, ya...

Jacinta

¿Estás loco?

Juan

               ¿Quién podrá
estar con tus cosas cuerdo?

Jacinta

   Repórtate y habla paso,
que está en la cuadra mi tío.

Juan

Cuando a cenar vas al río,
¿cómo haces de él poco caso?

Jacinta

   ¿Qué dices? ¿Estás en ti?

Juan

Cuando para trasnochar
con otro tienes lugar,
¿tienes tío para mí?

Jacinta

   ¿Trasnochar con otro? Advierte
que, aunque eso fuese verdad,
era mucha libertad
hablarme a mí de esa suerte;
   cuanto más que es desvarío
de tu loca fantasía.

Juan

Ya sé que fue don García

el de la fiesta del río;
    ya los fuegos que a tu coche,
Jacinta, la salva hicieron;
ya las antorchas que dieron
Sol al soto a media noche;
    ya los cuatro aparadores
con vajillas variadas;
las cuatro tiendas pobladas
de instrumentos y cantores.
    Todo lo sé; y sé que el día
te halló, enemiga, en el río;
di agora que «es desvarío
de mi loca fantasía».
    Di agora que es libertad
el tratarte de esta suerte,
cuando obligan a ofenderte
mi agravio y tu liviandad.

Jacinta   ¡Plega a Dios!...

Juan   Deja invenciones.
Calla, no me digas nada,
que en ofensa averiguada
no sirven satisfacciones.
    Ya falsa, ya sé mi daño;
no niegues que te he perdido;
tu mudanza me ha ofendido,
no me ofende el desengaño.
    Y aunque niegues lo que oí,
lo que vi confesarás;
que hoy lo que negando estás
en sus mismos ojos vi.
    Y su padre, ¿qué quería
agora aquí? ¿Qué te dijo?

¿De noche estás con el hijo
y con el padre de día?
     Yo lo vi; ya mi esperanza
en vano engañar dispones;
ya sé que tus dilaciones
son hijas de tu mudanza.
     Mas cruel, ¡vive los cielos,
que no has de vivir contenta!
Abrásete, pues revienta,
este volcán de mis celos.
     El que me hace desdichado
te pierda, pues yo te pierdo.

Jacinta   ¿Tú eres cuerdo?

Juan   ¿Cómo cuerdo,
amante y desesperado?

Jacinta   Vuelve, escucha; que si vale
la verdad, presto verás
qué mal informado estás.

Juan   Voyme, que tu tío sale.

Jacinta   No sale; escucha, que fío
satisfacerte.

Juan   Es en vano,
si aquí no me das la mano.

Jacinta   ¿La mano? Sale mi tío.

Fin de la primera jornada

Jornada segunda

[Sala en casa de don Beltrán.]

(Salen don García, Tristán y Camino.)

García   «La fuerza de una ocasión me hace exceder del
                orden de mi estado. Sabrála v.m. esta noche por un
                balcón que le enseñará el portador, con lo demás que
                no es para escrito, y guarde nuestro Señor...»

                ¿Quién este papel me escribe?

Camino   Doña Lucrecia de Luna.

García   El alma, sin duda alguna,
                que dentro en mi pecho vive.
                    ¿No es ésta una dama hermosa
                que hoy, antes de media día,
                estaba en la Platería?

Camino   Sí, señor.

García   ¡Suerte dichosa!
                    Informadme, por mi vida,
                de las partes de esta dama.

Camino   Mucho admiro que su fama
                esté de vos escondida.
                    Porque la habéis visto, dejo
                de encarecer que es hermosa;
                es discreta y virtuosa;
                su padre es viudo y es viejo;
                    dos mil ducados de renta

los que ha de heredar serán,
bien hechos.

García   ¿Oyes, Tristán?

Tristán   Oigo, y no me descontenta.

Camino   En cuanto a ser principal,
no hay que hablar; Luna es su padre
y fue Mendoza su madre,
tan finos como un coral.
     Doña Lucrecia, en efeto,
merece un rey por marido.

García   ¡Amor, tus alas te pido
para tan alto sujeto!
     ¿Dónde vive?

Camino   A la Victoria.

García   Cierto es mi bien. Que seréis,
dice aquí, quien me guiéis
al cielo de tanta gloria.

Camino   Serviros pienso a los dos.

García   Y yo lo agradeceré.

Camino   Esta noche volveré,
en dando las diez, por vos.

García   Eso le dad por respuesta
a Lucrecia.

Camino   Adiós quedad.

(Vase Camino.)

García   ¡Cielos! ¿Qué felicidad,
                          Amor, qué ventura es ésta?
                            ¿Ves, Tristán, cómo llamó
                          la más hermosa el cochero
                          a Lucrecia, a quien yo quiero?
                          Que es cierto que quien me habló
                            es la que el papel me envía.

Tristán   Evidente presunción.

García   Que la otra, ¿qué ocasión
                          para escribirme tenía?

Tristán   Y a todo mal suceder,
                          presto de duda saldrás,
                          que esta noche la podrás
                          en la habla conocer.

García   Y que no me engañe es cierto,
                          según dejó en mi sentido
                          impreso el dulce sonido
                          de la voz con que me ha muerto.

(Sale un Paje con un papel; dalo a don García.)

Paje   Éste, señor don García,
                          es para vos.

García   No esté así.

Paje   Criado vuestro nací.

García   Cúbrase, por vida mía.

(Lee a solas
don García.)   «Averiguar cierta cosa
                        importante a solas quiero
                        con vos. A las siete espero
                        en San Blas. Don Juan de Sosa.»

(Aparte.)   (¡Válgame Dios! Desafío.
                        ¿Qué causa puede tener
                        don Juan, si yo vine ayer
                        y él es tan amigo mío?)
                           Decid al señor don Juan
                        que esto será así.

(Vase el Paje.)

Tristán   Señor,
                        mudado estás de color.
                        ¿Qué ha sido?

García   Nada, Tristán.

Tristán   No puedo saberlo?

García   No.

Tristán   Sin duda es cosa pesada.

García   Dame la capa y espada.
(Aparte.)   (¿Qué causa le he dado yo?)

(Vase Tristán. Sale don Beltrán.)

Beltrán   ¿García?

García   ¿Señor?

Beltrán   Los dos
a caballo hemos de andar
juntos hoy, que he de tratar
cierto negocio con vos.

García   ¿Mandas otra cosa?

Beltrán   ¿Adónde
vaya cuando el Sol echa fuego?

(Sale Tristán y dale de vestir a don García.)

García   Aquí a los trucos me llego
de nuestro vecino el Conde.

Beltrán   No apruebo que os arrojéis,
siendo venido de ayer,
a daros a conocer
a mil que no conocéis;
    si no es que dos condiciones
guardéis con mucho cuidado,
y son: que juguéis contado
y habléis contadas razones.
    Pues que mi parecer
es éste, haced vuestro gusto.

García   Seguir tu consejo es justo.

Beltrán	Haced que a vuestro placer aderezo se prevenga a un caballo para vos.

Beltrán — Haced que a vuestro placer
   aderezo se prevenga
a un caballo para vos.

García — A ordenallo voy.

Beltrán —   Adiós.

(Vase don García.)

Beltrán (Aparte.) — (¡Que tan sin gusto me tenga
   lo que su ayo me dijo!)
¿Has andado con García,
Tristán?

Tristán —   Señor, todo el día.

Beltrán — Sin mirar en que es mi hijo,
   si es que el ánimo fiel
que siempre en tu pecho he hallado
agora no te ha faltado,
me di lo que sientes de él.

Tristán —   ¿Qué puedo yo haber sentido
en un término tan breve?

Beltrán — Tu lengua es quien no se atreve,
que el tiempo bastante ha sido,
   y más a tu entendimiento.
Dímelo, por vida mía,
sin lisonja.

Tristán —   Don García,
mi señor, a lo que siento,

que he de decirte verdad,
pues que tu vida has jurado...

Beltrán   De esa suerte has obligado
siempre a mí tu voluntad.

Tristán   ...tiene un ingenio excelente,
con pensamientos sutiles;
mas caprichos juveniles
con arrogancia imprudente.
    De Salamanca reboza
la leche, y tiene en los labios
los contagiosos resabios
de aquella caterva moza.
    Aquel hablar arrojado,
mentir sin recato y modo;
aquel jactarse de todo
y hacerse en todo extremado...
    Hoy, en término de un hora,
echó cinco o seis mentiras.

Beltrán   ¡Válgame Dios!

Tristán   ¿Qué te admiras
pues lo peor falta agora;
    que son tales, que podrá
cogerle en ellas cualquiera?

Beltrán   ¡Ah, Dios!

Tristán   Yo no te dijera
lo que tal pena te da
    a no ser de ti forzado.

Beltrán   Tu fe conozco y tu amor.

Tristán   A tu prudencia, señor,
                 advertir será excusado
                    el riesgo que correr puedo
                 si esto sabe don García,
                 mi señor.

Beltrán   De mí confía;
                 pierde, Tristán, todo el miedo.
                    Manda luego aderezar
                 los caballos.

(Vase Tristán.)

Beltrán   Santo Dios,
                 pues esto permitís vos,
                 esto debe de importar.
                    ¿A un hijo solo, a un consuelo
                 que en la tierra le quedó
                 a mi vejez triste, dio
                 tan gran contrapeso el cielo?
                    Ahora bien, siempre tuvieron
                 los padres disgustos tales;
                 siempre vieron muchos males
                 los que mucha edad vivieron.
                    ¡Paciencia! Hoy he de acabar,
                 si puedo, su casamiento.
                 Con la brevedad intento
                 este daño remediar,
                    antes que su liviandad,
                 en la corte conocida,
                 los casamientos le impida
                 que pide su calidad.

Por dicha, con el cuidado
que tal estado acarrea,
de una costumbre tan fea
se vendrá a haber enmendado.
    Que es vano pensar que son
el reñir y aconsejar
bastantes para quitar
una fuerte inclinación.

(Sale Tristán.)

Tristán   Ya los caballos están,
viendo que salir procuras,
probando las herraduras
en las guijas del zaguán.
    Porque con las esperanzas
de tan gran fiesta, el overo
a solas está, primero,
ensayando sus mudanzas;
    Y el bayo, que ser procura
émulo al dueño que lleva,
estudia con alma nueva
movimiento y compostura.

Beltrán   Avisa, pues, a García.

Tristán   Ya te espera tan galán,
que en la corte pensarán
que a estas horas sale el día.

(Vanse los dos.)

[Sala en casa de don Sancho.]

(Salen Isabel y Jacinta.)

Isabel   La pluma tomó al momento
          Lucrecia, en ejecución
          de tu agudo pensamiento,
          y esta noche en su balcón,
          para tratar cierto intento,
           le escribió que aguardaría,
          para que puedas en él
          platicar con don García.
          Camino llevó el papel;
          persona de quien se fía.

Jacinta   Mucho Lucrecia me obliga.

Isabel   Muestra en cualquier ocasión
          ser tu verdadera amiga.

Jacinta   ¿Es tarde?

Isabel   Las cinco son.

Jacinta   Aun durmiendo me fatiga
           la memoria de don Juan,
          que esta siesta le he soñado
          celoso de otro galán.

(Miran adentro las dos.)

Isabel   ¡Ay, señora! Don Beltrán
          y el perulero a su lado.

Jacinta   ¿Qué dices?

Isabel   Digo que aquél
que hoy te habló en la Platería
viene a caballo con él.
Mírale.

Jacinta   ¡Por vida mía
que dices verdad, que es él!
    ¿Hay tal? ¿Cómo el embustero
se nos fingió perulero,
si es hijo de don Beltrán?

Isabel   Los que intentan siempre dan
gran presunción al dinero,
    y con ese medio, hallar
entrada en tu pecho quiso,
que debió de imaginar
que aquí le ha de aprovechar
más ser Midas que Narciso.

Jacinta   En decir que ha que me vio
un año, también mintió,
porque don Beltrán me dijo
que ayer a Madrid su hijo
de Salamanca llegó.

Isabel   Si bien lo miras, señora,
todo verdad puede ser,
que entonces te pudo ver,
irse de Madrid, y agora,
de Salamanca volver.
    Y cuando no, ¿qué te admira
que, quien a obligar aspira
prendas de tanto valor,
para acreditar su amor,

se valga de una mentira?
    Demás que tengo por llano,
si no miente mi sospecha,
que no lo encarece en vano;
que hablarte hoy su padre, es flecha
que ha salido de su mano.
    No ha sido, señora mía,
acaso que el mismo día
que él te vio y mostró quererte,
venga su padre a ofrecerte
por esposo a don García.

Jacinta
    Dices bien; mas imagino
que el término que pasó
desde que el hijo me habló
hasta que su padre vino,
fue muy breve.

Isabel
                Él conoció
    quién eres; encontraría
su padre en la Platería;
hablóle, y él, que no ignora
tus calidades y adora
justamente a don García,
    vino a tratarlo al momento.

Jacinta
Al fin, como fuere, sea.
De sus partes me contento,
quiere el padre, él me desea;
da por hecho el casamiento.

(Vanse las dos.)

[Paseo de Atocha.]

(Salen don Beltrán y don García.)

Beltrán   ¿Qué os parece?

García   Que animal
                 no vi mejor en mi vida.

Beltrán   ¡Linda bestia!

García   Corregida
                 de espíritu racional.
                   ¡Qué contento y bizarría!

Beltrán   Vuestro hermano don Gabriel,
                 que perdona Dios, en él
                 todo su gusto tenía.

García   Ya que convida, señor,
                 de Atocha la soledad,
                 declara tu voluntad.

Beltrán   Mi pena, diréis mejor.
                   ¿Sois caballero, García?

García   Téngome por hijo vuestro.

Beltrán   ¿Y basta ser hijo mío
                 para ser vos caballero?

García   Yo pienso, señor, que sí.

Beltrán   ¡Qué engañado pensamiento!
                 Solo consiste en obrar

como caballero al serlo.
¿Quién dio principio a las casas
nobles? Los ilustres hechos
de sus primeros autores.
Sin mirar su nacimientos,
hazañas de hombres humildes
honraron sus herederos.
Luego en obrar mal o bien
está el ser malo o ser bueno.
¿Es así?

García   Que las hazañas
den nobleza, no lo niego;
mas no neguéis que sin ellas
también la da el nacimiento.

Beltrán   Pues si honor puede ganar
quien nació sin él, ¿no es cierto
que, por el contrario, puede,
quien con él nació, perdello?

García   Es verdad.

Beltrán   Luego si vos
obráis afrentosos hechos,
aunque seáis hijo mío,
dejáis de ser caballero;
luego si vuestras costumbres
os infaman en el pueblo,
no importan paternas armas,
no sirven altos abuelos.
¿Qué cosa es que la fama
diga a mis oídos mesmos
que a Salamanca admiraron

vuestras mentiras y enredos?
¡Qué caballero y qué nada!
Si afrenta al noble y plebeyo
solo el decirle que miente,
decid, ¿qué será el hacerlo,
si vivo sin honra yo,
según los humanos fueros,
mientras de aquél que me dijo
que mentía no me vengo?
¿Tan larga tenéis la espada,
tan duro tenéis el pecho,
que penséis poder vengaros,
diciéndolo todo el pueblo?
¿Posible es que tenga un hombre
tan humildes pensamientos
que viva sujeto al vicio
más sin gusto y sin provecho?
El deleite natural
tiene a los lascivos presos;
obliga a los codiciosos
el poder que da el dinero;
el gusto de los manjares
al glotón; el pasatiempo
y el cebo de la ganancia,
a los que cursan el juego;
su venganza, al homicida;
al robador, su remedio;
la fama y la presunción,
al que es por la espada inquieto.
Todos los gustos, al fin,
o dan gusto o dan provecho;
mas de mentir, ¿qué se saca
sino infamia y menosprecio?

García   Quien dice que miento yo,
                          ha mentido.

Beltrán   También eso
                          es mentir, que aun desmentir
                          no sabéis sino mintiendo.

García   ¡Pues, si dais en no creerme…!

Beltrán   ¿No seré necio si creo
                          que vos decía verdad solo
                          y miente el lugar entero?
                          Lo que importa es desmentir
                          esta fama con los hechos,
                          pensar que éste es otro mundo,
                          hablar poco y verdadero;
                          mirar que estáis a la vista
                          de un rey tan santo y perfeto,
                          que vuestros yerros no pueden
                          hallar disculpa en sus yerros;
                          que tratáis aquí con grandes,
                          títulos y caballeros,
                          que, si os saben la flaqueza,
                          o perderán el respeto;
                          que tenéis barba en el rostro,
                          que al lado ceñís acero,
                          que nacistes noble al fin,
                          y que yo soy padre vuestro.
                          Y no he de deciros más,
                          que esta sofrenada espero
                          que baste para quien tiene
                          calidad y entendimiento.
                          Y agora, porque entendáis
                          que en vuestro bien me desvelo,

sabed que os tengo, García,
tratado un gran casamiento.

García (Aparte.)   (¡Ay, mi Lucrecia!)

Beltrán   Jamás
pusieron, hijo, los cielos
tantas, tan divinas partes
en un humano sujeto,
como en Jacinta, la hija
de don Fernando Pacheco,
de quien mi vejez pretende
tener regalados nietos.

García (Aparte.)   (¡Ay, Lucrecia! Si es posible,
tú sola has de ser mi dueño.)

Beltrán   ¿Qué es esto? ¿No respondéis?

García (Aparte.)   (¡Tuyo he de ser, vive el cielo!)

Beltrán   ¿Qué os entristecéis? ¡Hablad!
No me tengáis más suspenso.

García   Entristézcome porque es
imposible obedeceros.

Beltrán   ¿Por qué?

García   Porque soy casado.

Beltrán   ¡Casado! ¡Cielos! ¿Qué es esto?
¿Cómo, sin saberlo yo?

García	Fue fuerza, y está secreto.
Beltrán	¿Hay padre más desdichado?
García	No os aflijáis, que, en sabiendo la causa, señor, tendréis por venturoso el efeto.
Beltrán	Acabad, pues, que mi vida pende solo de un cabello.
García (Aparte.)	(Agora os he menester, sutilezas de mi ingenio.) En Salamanca, señor, hay un caballero noble, de quien es la alcuña Herrera y don Pedro el propio nombre. A éste dio el cielo otro cielo por hija, pues, con dos soles sus dos purpúreas mejillas hacen claros horizontes. Abrevio, por ir al caso, con decir que cuantas dotes pudo dar Naturaleza en tierna edad, la componen. Mas la enemiga fortuna, observante en su desorden, a sus méritos opuesta, de sus bienes la hizo pobre; que, demás de que su casa no es tan rica como noble, al mayorazgo nacieron, antes que ella, dos varones. A ésta, pues, saliendo al río,

la vi una tarde en su coche,
que juzgara el de Faetón
si fuese Erídano el Tormes.
No sé quién los atributos
del fuego en Cupido pone,
que yo, de un súbito hielo,
me sentí ocupar entonces.
¿Qué tienen que ver del fuego
las inquietudes y ardores
con quedar absorta un alma,
con quedar un cuerpo inmóvil?
Caso fue, verla, forzoso;
viéndola, cegar de amores;
pues, abrasado, seguiría,
júzguelo en pecho de bronce.
Pasé su calle de día,
rondé su puerta de noche;
con terceros y papeles,
le encarecí mis pasiones;
hasta que, al fin, condolida
o enamorada, responde,
porque también tiene Amor
jurisdicción en los dioses.
Fui acrecentando finezas
y ella aumentando favores,
hasta ponerme en el cielo
de su aposento una noche.
Y, cuando solicitaban
el fin de mi pena enorme,
conquistando honestidades,
mis ardientes pretensiones,
siento que su padre viene
a su aposento; llamóle
porque jamás tan hacía,

mi fortuna aquella noche.
Ella, turbada, animosa,
¡mujer al fin!, a empullones
mi casi difunto cuerpo
detrás de su lecho esconde.
Llegó don Pedro, y su hija,
fingiendo gusto, abrazóle,
por negar el rostro en tanto
que cobraba sus colores.
Asentáronse los dos,
y él, con prudentes razones,
le propuso un casamiento
con uno de los Monroyes.
Ella, honesta como cauta,
de tal suerte le responde,
que ni a su padre resista,
ni a mí, que la escucho, enoje.
Despidiéronse con esto,
y, cuando ya casi pone
en el umbral de la puerta
el viejo los pies, entonces...,
¡Mal hay, amén, el primero
que fue inventor de relojes!,
uno que llevaba yo,
a dar comenzó las doce.
Oyólo don Pedro, y vuelto
hacia su hija: «¿De dónde
vino ese reloj?», le dijo.
Ella respondío: «Envióle,
para que se le aderecen,
mi primo don Diego Ponce,
por no haber en su lugar
relojero ni relojes».
«Dádmele —dijo su padre—,

porque yo ese cargo tome.»
Pues entonces doña Sancha,
que éste es de la dama el nombre,
a quitármele del pecho,
cauta y prevenida corre,
antes que llegar él mismo
a su padre se le antoje.
Quitémelo yo, y al darle,
quiso la suerte que toquen
a una pistola que tengo
en la mano los cordones.
Cayó el gatillo, dió fuego;
al tronido desmayóse
doña Sancha; alborotado
el viejo, empezó a dar voces.
Yo, viendo el cielo en el suelo
y eclipsados sus dos soles,
juzgué sin duda por muerta
la vida de mis acciones,
pensando que cometieron
sacrilegio tan enorme,
del plomo de mi pistola,
los breves, volantes orbes.
Con esto, pues, despechado,
saqué rabioso el estoque;
fueron pocos para mí,
en tal ocasión, mi hombres.
A impedirme la salida,
como dos bravos leones,
con sus armas sus hermanos
y sus criados se oponen;
mas, aunque fácil por todos
mi espada y mi fuerza rompen,
no hay fuerza humana que impida

fatales disposiciones;
pues, al salir por la puerta,
como iba arrimado, asióme
la alcayata de la aldaba,
por los tiros del estoque.
Aquí, para desasirme,
fue fuerza que atrás me torne,
y, entre tanto, mis contrarios,
muros de espadas me oponen.
En esto cobró su acuerdo
Sancha, y para que se estorbe
el triste fin que prometen
estos sucesos atroces,
la puerta cerró, animosa,
del aposento, y dejóme
a mí con ella encerrado,
y fuera a mis agresores.
Arrimamos a la puerta
baúles, arcas y cofres,
que al fin son de ardientes iras
remedio las dilaciones.
Quisimos hacernos fuertes;
mas mis contrarios, feroces,
ya la pared me derriban
y ya la puerta me rompen.
Yo, viendo que, aunque dilate,
no es posible que revoque
la sentencia de enemigos
tan agraviadas y nobles,
viendo a mi lado la hermosa
de mis desdichas consorte,
y que hurtaba a sus mejillas
el temor sus arreboles;
viendo cuán sin culpa suya

conmigo Fortuna corre,
pues con industria deshace
cuanto los hados disponen,
por dar premio a sus lealtades,
por dar fin a sus temores,
por dar remedio a mi muerte,
y dar muerte a más pasiones,
hube de darme a partido,
y pedirles que conformen
con la unión de nuestras sangres
tan sangrientas disenciones.
Ellos, que ven el peligro
y mi calidad conocen,
lo aceptan, después de estar
un rato entre sí discordes.
Partió a dar cuenta al obispo
su padre, y volvió con orden
de que el desposorio pueda
hacer cualquier sacerdote.
Hízose, y en dulce paz
la mortal guerra trocóse,
dándote la mejor nuera
que nació del sur al norte.
Mas en que tú no lo sepas
quedamos todos conformes,
por no ser con gusto tuyo
y por ser mi esposa pobre;
pero, ya que fue forzoso
saberlo, mira se escoges
por mejor tenerme muerto
que vivo y con mujer noble.

Beltrán   Las circunstancias del caso
                   son tales, que se conoce

que la fuerza de la suerte
te destinó esa consorte,
y así, no te culpo en más
que en callármelo.

García   Temores
de darte pesar, señor,
me obligaron.

Beltrán   Si es tan noble,
¿qué importa que pobre sea?
¡Cuánto es peor que lo ignore,
para que, habiendo empeñado
mi palabra, agora torne
con eso a doña Jacinta!
¡Mira en qué lance me pones!
Toma el caballo, y temprano,
por mi vida, te recoge,
porque de espacio tratemos
de tus cosas esta noche.

García   Iré a obedecerte al punto
que toquen las oraciones.

(Vase don Beltrán.)   Dichosamente se ha hecho.
Persuadido el viejo va.
Ya del mentir no dirá
que es sin gusto y sin provecho;
   pues en tan notorio gusto
el ver que me haya creído,
y provecho haber huído
de casarme a mi disgusto.
   ¡Bueno fue reñir conmigo
porque en cuanto digo miento,
y dar crédito al momento

a cuantas mentiras digo!
    ¡Qué fácil de persuadir
quien tiene amor suele ser!
Y ¡qué fácil en creer
el que no sabe mentir!
    Mas ya me aguarda don Juan.

(Dirá hacia adentro.) ¡Hola! Llevad el caballo.
Tan terribles cosas hallo
que sucediéndome van,
    que pienso que desvarío.
Vine ayer y, en un momento,
tengo amor y casamiento
y causa de desafío.

(Sale don Juan.)

Juan
    Como quien sois lo habéis hecho,
don García.

García
    ¿Quién podía,
sabiendo la sangre mía,
pensar menos de mi pecho?
    Mas vamos, don Juan, al caso
porque llamado me habéis.
Decid, ¿qué causa tenéis
—que por sabella me abraso—
    de hacer este desafío?

Juan
Esa dama a quien hicisteis,
conforme vos me dijisteis,
anoche fiesta en el río,
    es causa de mi tormento,
y es con quien dos años ha
que, aunque se dilata, está

tratado mi casamiento.
    Vos ha un mes que estáis aquí,
y de eso, como de estar
encubierto en el lugar
todo ese tiempo de mí,
    colijo que, habiendo sido
tan público mi cuidado,
vos no lo habéis ignorado,
y así, me habéis ofendido.
    Con esto que he dicho, digo
cuanto tengo que decir,
y es que, o no habéis de seguir
el bien que ha tanto que sigo,
    o, si acaso os pareciere
mi petición mal fundada,
se remita aquí a la espada,
y la sirve el que venciere.

García   Pésame que, sin estar
del caso bien informado,
os hayáis determinado
a sacarme a este lugar.
    La dama, don Juan de Sosa,
de mi fiesta, vive Dios
que ni la habéis visto vos,
ni puede ser vuestra esposa;
    que es casada esta mujer,
y ha tan poco que llegó
a Madrid, que solo yo
sé que la he podido ver.
    Y, cuando ésa hubiera sido,
de no verla más os doy
palabra, como quien soy,
o quedar por fementido.

Juan

        Con eso se aseguró
la sospecha de mi pecho
y he quedado satisfecho.

García

        Falta que lo quede yo,
  que haberme desafiado
no se ha de quedar así;
libre fue el sacarme aquí,
mas, habiéndome sacado,
  me obligasteis, y es forzoso,
puesto que tengo de hacer
como quien soy, no volver
sino muerto o victorioso.

Juan

        Pensado, aunque a mis desvelos
hayáis satisfecho así,
que aún deja cólera en mí
le memoria de mis celos.

(Sacan las espadas y acuchíllanse. Sale don Félix.)

Félix

        Deténganse, caballeros,
que estoy aquí yo.

García

                ¡Que venga
agora quien me detenga!

Félix

        Vestid los fuertes aceros,
  que fue falsa la ocasión
de esta pendencia.

Juan

               Ya había
dícholo así don García;

pero, por la obligación
en que pone el desafío,
desnudó el valiente acero.

Félix

Hizo como caballero
de tanto valor y brío.
Y, pues, bien quedado habéis
con esto, merezca yo
que, a quien de celoso erró,
perdón y las manos deis.

(Dense las manos.)

García

Ello es justo y lo mandáis.
Mas mirad de aquí adelante,
en caso tan importante,
don Juan, cómo os arrojáis.
Todo lo habéis de intentar
primero que el desafío,
que empezar es desvarío
por donde se ha de acabar.

(Vase don García.)

Félix

Extraña ventura ha sido
haber yo a tiempo llegado.

Juan

¿Que en efecto me he engañado?

Juan

Sí.

Juan

¿De quién lo habéis sabido?

Félix

Súpelo de un escudero

de Lucrecia.

Juan   Decid, pues,
¿cómo fue?

Félix   La verdad es
que fue el coche y el cochero
   de doña Jacinta anoche
al Sotillo, y que tuvieron
gran fiesta las que en él fueron;
pero fue prestado el coche.
   Y'el caso fue que, a las horas
que fue a ver Jacinta bella
a Lucrecia, ya con ella
estaban las matadoras,
   las dos primas de la quinta.

Juan   ¿Las que en el Carmen vivieron?

Félix   Sí, Pues ellas le pidieron
el coche a doña Jacinta,
   y en él, con la oscura noche,
fueron al río las dos.
Pues vuestro paje, a quien vos
dejasteis siguiendo el coche,
   como en él dos damas vio
entrar cuando anochecía,
y noticia no tenía
de otra visita, creyó
   ser Jacinta la que entraba
y Lucrecia.

Juan   Justamente.

Félix   Siguió el coche diligente
            y, cuando en el soto estaba,
              entre la música y cena
            lo dejó y volvió a buscaros
            a Madrid, y fue el no hallaros
            ocasión de tanta pena;
              porque, yendo vos allá,
            se deshiciera el engaño.

Juan   En eso estuvo mi daño.
            Mas tanto gusto me da
              el saber que me engañé,
            que doy por bien empleado
            el disgusto que he pasado.

Félix   Otra cosa averigüé
              que es bien graciosa.

Juan   Decid.

Félix   Es que el dicho don García
            llegó ayer en aquel día
            de Salamanca a Madrid,
              y en llegando se acostó,
            y durmió la noche toda,
            y fue embeleco la boda
            y festín que nos contó.

Juan   ¿Qué decís?

Félix   Esto es verdad.

Juan   ¿Embustero es don García?

Félix   Eso un ciego lo vería;
porque tanta variedad
  de tiendas, aparadores,
vajillas de plata y oro,
tanto plato, tanto coro
de instrumentos y cantores,
  ¿no eran mentira patente?

Juan   Lo que me tiene dudoso
es que sea mentiroso
un hombre que es tan valiente;
  que de su espada el furor
diera a Alcides pesadumbre.

Félix   Tendrá el mentir por costumbre
y por herencia el valor.

Juan   Vamos, que a Jacinta quiero
pedille, Félix, perdón,
y decille la ocasión
con que esforzó este embustero
  mi sospecha.

Félix   Desde aquí
nada le creo, don Juan.

Juan   Y sus verdades serán
ya consejos para mí.

(Vanse los dos.)

[La calle.]

(Salen Tristán, don García y Camino, de noche.)

García   Mi padre me dé perdón,
                que forzado le engaña.

Tristán   ¡Ingeniosa excusa fue!
                Pero, dime: ¿qué invención
                    agora piensas hacer
                con que no sepa que ha sido
                el casamiento fingido?

García   Las cartas le he de coger
                    que a Salamanca escribiere,
                y, las respuestas fingiendo
                yo mismo, iré entreteniendo
                la ficción cuanto pudiere.

(Salen Jacinta, Lucrecia e Isabel a la ventana.)

Jacinta   Con esta nueva volvió
                don Beltrán bien descontento,
                cuando ya del casamiento
                estaba contenta yo.

Lucrecia   ¿Que el hijo de don Beltrán
                es el indiano fingido?

Jacinta   Sí, amiga.

Lucrecia   ¿A quién has oído
                lo del banquete?

Jacinta   A don Juan.

Lucrecia   Pues ¿cuándo estuvo contigo?

Jacinta

Al anochecer me vio,
y en contármelo gastó
lo que pudo estar conmigo.

Lucrecia

Grandes sus enredos son.
¡Buen castigo te merece!

Jacinta

Estos tres hombres parece
que se acercan al balcón.

Lucrecia

Vendrá al puesto don García,
que ya es hora.

Jacinta

Tú, Isabel,
mientras hablamos con él,
a nuestros viejos espía.

Lucrecia

Mi padre está refiriendo
bien de espacio un cuento largo
a tu tío.

Isabel

Yo me encargo
de avisaros en viniendo.

(Vase Isabel.)

Camino

Éste es el balcón adonde
os espera tanta gloria.

(Vase Camino.)

Lucrecia

Tú eres dueño de la historia;
tú en mi nombre le responde.

García   ¿Es Lucrecia?

Jacinta   ¿Es don García?

García   Es quien hoy la joya halló
                más preciosa que labró
                el cielo en la Platería.
                    Es quien, en llegando a vella,
                tanto estimó su valor,
                que dio, abrasado de amor,
                la vida y alma por ella.
                    Soy, al fin, el que se precia
                de ser vuestro, y soy quien hoy
                comienzo a ser, porque soy
                el esclavo de Lucrecia.

(Habla aparte Jacinta a Lucrecia.)

Jacinta   Amiga, este caballero
                para todas tiene amor.

Lucrecia   El hombre es embarrador.

Jacinta   Él es un gran embustero.

García   Ya espero, señora mía,
                lo que me queréis mandar.

Jacinta   Ya no puede haber lugar
                lo que trataros quería...

(Habla Tristán al oído de don García.)

Tristán   ¿Es ella?

García   Sí.

Jacinta   ...que trataros
un casamiento intenté
bien importante, y ya sé
que es imposible casaros.

García   ¿Por qué?

Jacinta   Porque sois casado.

García   ¿Que yo soy casado?

Jacinta   Vos.

García   Soltero soy, ¡vive Dios!
Quien lo ha dicho os ha engañado.

(Aparte Jacinta y Lucrecia.)

Jacinta   ¿Viste mayor embustero?

Lucrecia   No sabe sino mentir.

Jacinta   ¿Tal me queréis persuadir?

García   ¡Vive Dios, que soy soltero!

Jacinta   ¡Y lo jura!

Lucrecia   Siempre ha sido
costumbre del mentiroso,

de su crédito dudoso
jurar para ser creído.

García   Si era vuestra blanca mano
con la que el cielo quería
colmar la ventura mía,
no pierda el bien soberano,
   pudiendo esa falsedad
probarse tan fácilmente.

Jacinta (Aparte.)   (¡Con qué confianza miente!
¿No parece que es verdad?)

García   La mano os daré, señora,
y con eso me creeréis.

Jacinta   Vos sois tal, que la daréis
a trescientas en una hora.

García   Mal acreditado estoy
en vos.

Jacinta   Es justo castigo;
porque mal puede conmigo
tener crédito quien hoy
   dijo que era perulero
siendo en la corte nacido;
y, siendo de ayer venido,
afirmó que ha un año entero
   que está en la corte; y habiendo
esta tarde confesado
que en Salamanca es casado,
se está agora desdiciendo;
   y quien, pasando en su cama

toda la noche, contó
que en el río la pasó
haciendo fiesta a una dama.

Tristán (Aparte.)   (¡Todo se sabe!)

García   Mi gloria,
escuchadme, y os diré
verdad pura, que ya sé
en qué se yerra la historia.
    Por las demás cosas paso,
que son de poco momento,
por tratar del casamiento,
que es lo importante del caso.
    Si vos hubiéredes sido
causa de haber yo afirmado,
Lucrecia, que soy casado,
¿será culpa haber mentido?

Jacinta   ¿Yo la causa?

García   Sí, señora.

Jacinta   ¿Cómo?

García   Decírosla quiero.

(Habla aparte Jacinta a Lucrecia.)

Jacinta   Oye, que hará el embustero
lindos enredos agora.

García   Mi padre llegó a tratarme
de darme otra mujer hoy;

pero yo, que vuestro soy,
quise con eso excusarme.
    Que, mientras hacer espero
con vuestra mano mis bodas,
soy casado para todas,
solo para vos soltero.
    Y, como vuestro papel
llegó esforzando mi intento,
al tratarme el casamiento
puse impedimento en él.
    Éste es el caso; mirad
si esta mentira os admira,
cuando ha dicho esta mentira
de mi afición la verdad.

Lucrecia (Aparte.)   (Mas ¿si lo fuese?)

Jacinta (Aparte.)   (¡Qué buena
la trazó, y qué de repente!)
Pues ¿cómo tan brevemente
os puedo dar tanta pena?
    ¡Casi aun no visto me habéis
y ya os mostráis tan perdido!
¿Aún no me habéis conocido
y por mujer me queréis?

García   Hoy vi vuestra gran beldad
la vez primera, señora;
que el amor me obliga agora
a deciros la verdad.
    Mas si la causa es divina,
milagro el efeto es,
que el dios niño, no con pies,
sino con alas camina.

Decir que habéis menester
tiempo vos para matar,
fuera, Lucrecia, negar
vuestro divino poder.
  Decís que sin conoceros
estoy perdido. ¡Pluguiera
a Dios que no os conociera,
por hacer más en quereros!
  Bien os conozco; las partes
sé bien que os dio la Fortuna,
que sin eclipse sois Luna,
que sois mudanza sin martes,
  que es difunta vuestra madre,
que sois sola en vuestra casa,
que de mil doblones pasa
la renta de vuestro padre.
  Ved, si estoy mal informado.
¡Ojalá, mi bien, que así
los estuviérades de mí!

Lucrecia (Aparte.)   (Casi me pone en cuidado.)

Jacinta   ¿Pues Jacinta, ¿no es hermosa?
¿No es discreta, rica y tal
que puede el más principal
desealla por esposa?

García   Es discreta, rica y bella;
mas a mí no me conviene.

Jacinta   Pues, decid, ¿qué falta tiene?

García   La mayor, que es no querella.

Jacinta
       Pues yo con ella os quería
casar, que esa sola fue
la intención con que os llamé.

García
Pues sería vana porfía;
   que por haber intentado
mi padre, don Beltrán, hoy
lo mismo, he dicho que estoy
en otra parte casado.
   Y si vos, señora mía,
intentáis hablarme en ello,
perdonad, que por no hacello
seré casado en Turquía.
   Esto es verdad, ¡vive Dios!,
porque mi amor es de modo
que aborrezco aquello todo,
mi Lucrecia, que no es vos.

Lucrecia (Aparte.)
(¡Ojalá!)

Jacinta
       Que me tratáis
con falsedad tan notoria!
Decid, ¿no tenéis memoria,
o vergüenza no tenéis?
   ¿Cómo, si hoy dijisteis vos
a Jacinta que la amáis,
agora me lo negáis?

García
¿Yo a Jacinta? ¡Vive Dios!,
   que sola con vos he hablado
desde que entré en el lugar.

Jacinta
Hasta aquí pudo llegar
el mentir desvergonzado.

Si en lo mismo que yo vi
os atrevéis a mentirme,
¿qué verdad podréis decirme?
Idos con Dios, y de mí
    podéis desde aquí pensar
—si otra vez os diere oído—
que por divertirme ha sido;
como quien, para quitar
    el enfadoso fastidio
de los negocios pesados,
gasta los ratos sobrados
en las fábulas de Ovidio.

(Vase Jacinta.)

García   Escuchad, Lucrecia hermosa.

Lucrecia (Aparte.)   (Confusa quedo.)

(Vase Lucrecia.)

García   ¡Estoy loco!
¿Verdades valen tan poco?

Tristán   En la boca mentirosa.

García   ¡Que haya dado en no creer
cuanto digo!

Tristán   ¿Qué te admiras,
si en cuatro o cinco mentiras
te ha acabado de coger?
    De aquí, si lo consideras,
conocerás claramente

que, quien en las burlas miente,
pierde el crédito en las veras.

Fin de la segunda jornada

Jornada tercera

[Sala en casa de don Sancho.]

(Salen Camino con un papel y Lucrecia.)

Camino
     Éste me dio para ti
Tristán, de quien don García
con justa causa confía,
lo mismo que tú de mí;
 que, aunque su dicha es tan corta
que sirve, es muy bien nacido,
y de suerte ha encarecido
lo que tu respuesta importa,
 que jura que don García
está loco.

Lucrecia
     ¡Cosa extraña!
¿Es posible que me engaña
quien de esta suerte porfía?
 El más firme enamorado
se cansa si no es querido,
¿y éste puede ser fingido,
tan constante y desdeñado?

Camino
     Yo, al menos, si en las señales
se conoce el corazón,
ciertos juraré que son,
por las que he visto, sus males.
 Que quien tu calle pasea
tan constante noche y día,
quien tu espesa celosía
tan atento brujulea,
 quien ve que de tu balcón

cuando él viene, te retiras,
y ni te ve ni le miras,
y está firme en tu afición,
    quien llora, quien desespera,
quien, porque contigo estoy,
me da dineros —que es hoy
la señal más verdadera—,
    yo me afirmo en que decir
que miente es gran desatino.

Lucrecia   Bien se echa de ver, Camino,
que no le has visto mentir.
    ¡Pluguiera a Dios fuera cierto
su amor! Que, a decir verdad,
no tarde en mi voluntad
hallaran sus ansias puerto.
    Que sus encarecimientos,
aunque no los he creído,
por lo menos han podido
despertar mis pensamientos.
    Que, dado que es necedad
dar crédito al mentiroso,
como el mentir no es forzoso
y puede decir verdad,
    oblígame la esperanza
y el propio amor a creer
que conmigo puede hacer
en sus costumbres mudanza.
    Y así —por guardar mi honor,
si me engaña lisonjero,
y, si es su amor verdadero,
porque es digno de mi amor—,
    quiero andar tan advertida
a los bienes y a los daños

que ni admita sus engaños
ni sus verdades despida.

Camino   De ese parecer estoy.

Lucrecia   ¿Pues dirásle que, cruel,
rompí, sin vello, el papel;
que esta respuesta le doy.
     Y luego, tú, de tu aljaba,
le di que no desespere,
y que, si verme quisiere,
vaya esta tarde a la Octava
     de la Magdalena.

Camino   Voy.

Lucrecia   Mi esperanza fundo en ti.

Camino   No se perderá por mí,
pues ves que Camino soy.

(Vanse los dos.)

[Sale en casa de don Beltrán.]

(Salen don Beltrán, don García, y Tristán. Don Beltrán saca una carta abierta.
Dala a don García.)

Beltrán   ¿Habéis escrito, García?

García   Esta noche escribiré.

Beltrán   Pues abierta os la daré;
porque, leyendo la mía,

                    conforme a mi parecer
                    a vuestro suegro escribáis;
                    que determino que vais
                    vos en persona a traer
                      vuestra esposa, que es razón;
                    porque pudiendo traella
                    vos mismo, enviar por ella
                    fuera poca estimación.

García   Es verdad; mas sin efeto
                    será agora mi jornada.

Beltrán   ¿Por qué?

García   Porque está preñada;
                    y hasta que un dichoso nieto
                      te dé, no es bien arriesgar
                    su persona en el camino.

Beltrán   ¡Jesús! Fuera desatino
                    estando así caminar.
                      Mas dime; ¿cómo hasta aquí
                    no me lo has dicho, García?

García   Porque yo no lo sabía;
                    y en la que ayer recibí
                      de doña Sancha, me dice
                    que es cierto el preñado ya.

Beltrán   Si un nieto varón me da
                    hará mi vejez felice.
                      Muestra; que añadir es bien

(Tómale la carta que le había dado.)

cuánto con esto me alegro.
Mas di, ¿cuál es de tu suegro
el propio nombre?

García   ¿De quién?

Beltrán   De tu suegro.

García (Aparte.)   (Aquí me pierdo.)
Don Diego.

Beltrán   O yo me he engañado,
o otras veces le has nombrado
don Pedro.

García   También me acuerdo
de eso mismo; pero son
suyos ambos nombres.

Beltrán   ¿Diego y Pedro?

García   No te asombres;
que, por una condición,
  «don Diego» se ha de llamar
de su casa el sucesor.
Llamábase mi señor
«don Pedro» antes de heredar;
  y como se puso luego
«don Diego» porque heredó,
después acá se llamó
ya «don Pedro», ya «don Diego».

Beltrán   No es nueva esa condición

en muchas casas de España.
A escribirle voy.

(Vase don Beltrán.)

Tristán   Extraña
fue esta vez tu confusión.

García   ¿Has entrado en la historia?

Tristán   Y hubo bien en qué entender.
El que mienta ha menester
gran ingenio y gran memoria.

García   Perdido me vi.

Tristán   Y en eso
pararás al fin, señor.

García   entre tanto, de mi amor
veré el bueno o mal suceso.
    ¿Qué hay de Lucrecia?

Tristán   Imagino,
aunque de dura se precia,
que has de vencer a Lucrecia
sin la fuerza de Tarquino.

García   ¿Recibió el billete?

Tristán   Sí;
aunque a Camino mandó
que diga que lo rompió,
que él lo ha fiado de mí.

        Y, pues lo admitió, no mal
se negocia tu deseo;
si aquel epigrama creo
que a Nevia escribió Marcial:
        «Escribí; no respondió
Nevia. Luego dura está;
mas ella se ablandará,
pues lo que escribí leyó.»

García   Que dice verdad sospecho.

Tristán   Camino está de tu parte,
y promete revelarte
los secretos de su pecho;
        y que ha de cumplillo espero
si andas tú cumplido en dar,
que para hacer confesar
no hay cordel como el dinero.
        Y aun fuera bueno, señor,
que conquistaras tu ingrata
con dádivas, pues que mata
con flechas de oro el Amor.

García   Nunca te he visto grosero,
sino aquí, en tus pareceres.
¿Es ésta de las mujeres
que se rinden por dinero?

Tristán   Virgilio dice que Dido
fue del troyano abrasada,
de sus dones obligada
tanto como de Cupido.
        ¡Y era reina! No te espantes
de mis pareceres rudos,

que escudos vencen escudos,
diamantes labran diamantes.

García   ¿No viste que la ofendió
mi oferta en la Platería?

Tristán   Tu oferta la ofendería,
señor, que tus joyas no.
     Por el uso te gobierna;
que a nadie en este lugar
por desvergonzado en dar
le quebraron brazo o pierna.

García   Dame tú que ella lo quiera,
que darle un mundo imagino.

Tristán   Camino dará camino,
que es el polo de esta esfera.
     Y porque sepas que está
en buen estado tu amor,
ella le mandó, señor,
que te dijese que hoy va
     Lucrecia a la Magdalena
a la fiesta de la Octava,
como que él te lo avisaba.

García   ¡Dulce alivio de mi pena!
     ¿Con ese espacio me das
nuevas que me vuelven loco?

Tristán   Dóytelas tan poco a poco
porque dure el gusto más.

(Vanse los dos.)

[Claustro del convento de la Magdalena, con puerta a la iglesia.]

(Salen Jacinta y Lucrecia, con mantos.)

Jacinta   ¿Qué? ¿Prosigue don García?

Lucrecia   De modo que, son saber
                 su engañoso proceder,
                 como tan firme porfía,
                    casi me tiene dudosa.

Jacinta   Quizá no eres engañada,
                 que la verdad no es vedada
                 a la boca mentirosa.
                    Quizá es verdad que te quiere,
                 y más donde tu beldad
                 asegura esa verdad
                 en cualquiera que te viere.

Lucrecia   Siempre tú me favoreces;
                 mas yo lo creyera así
                 a no haberte visto a ti
                 que al mismo Sol oscureces.

Jacinta   Bien sabes tú lo que vales,
                 y que en esta competencia
                 nunca ha salido sentencia
                 por tener votos iguales.
                    Y no es sola la hermosura
                 quien causa amoroso ardor,
                 que también tiene el amor
                 su pedazo de ventura.
                    Yo me holgaré que por ti,

amiga, me haya trocado,
y que tú hayas alcanzado
lo que yo no merecí;
    porque ni tú tienes culpa
ni él me tiene obligación.
Pero ve con prevención,
que no te queda disculpa
    si te arrojas en amar
y al fin quedas engañada
de quien estás ya avisada
que solo sabe engañar.

Lucrecia   Gracias, Jacinta, te doy;
mas tu sospecha corrige,
que estoy por creerle dije,
no que por quererle estoy.

Jacinta   Obligaráte el creer
y querrás, siendo obligada,
y, así, es corta la jornada
que hay de creer a querer.

Lucrecia   Pues ¿qué dirás si supieres
que un papel he recibido?

Jacinta   Diré que ya le has creído,
y aun diré que ya le quieres.

Lucrecia   Erraráste; y considera
que tal vez la voluntad
hace por curiosidad
lo que por amor no hiciera.
    ¿Tú no le hablaste gustosa
en la Platería?

Jacinta   Sí.

Lucrecia   ¿Y fuiste, en oírle allí,
enamorada o curiosa?

Jacinta   Curiosa.

Lucrecia   Pues yo con él
curiosa también he sido,
como tú en haberle oído,
en recibir su papel.

Jacinta   Notorio verás tu error
si adviertes que es el oír
cortesía, y admitir
su papel claro favor.

Lucrecia   Eso fuera a saber él
que su papel recibí;
mas él piensa que rompí,
sin leello, su papel.

Jacinta   Pues, con eso, es cierta cosa
que curiosidad ha sido.

Lucrecia   En mi vida me ha valido
tanto gusto el ser curiosa.
Y porque su falsedad
conozcas, escucha y mira
si es mentira la mentira
que más parece verdad.

(Saca un papel y ábrele, y lee en secreto. Salen Camino, García y Tristán por otra parte.)

Camino   ¿Veis la que tiene en la mano
un papel?

García   Sí.

Camino   Pues aquella
es Lucrecia.

García (Aparte.)   (¡Oh, causa bella
de dolor tan inhumano!
   Ya me abraso de celoso.)
¡Oh, Camino, cuánto os debo!

(A Camino.)

Tristán   Mañana os vestís de nuevo.

Camino   Por vos he de ser dichoso.

(Vase Camino.)

García   Llegarme, Tristán, pretendo
adonde, sin que me vea,
se posible fuera, lea
el papel que está leyendo.

Tristán   No es difícil; que si vas
a esta capilla arrimado,
saliendo por aquel lado,
de espaldas la cogerá.

García   Bien dices. Ven por aquí.

(Vanse los dos.)

Jacinta   Lee bajo, que darás
                     mal ejemplo.

Lucrecia   No me oirás.
                     Toma y lee para ti.

(Le da el papel a Jacinta.)

Jacinta   Ése es mejor parecer.

(Salen Tristán y García por otra puerta; cogen de espaldas a las mujeres.)

Tristán   Bien a fin se consiguió.

García   Tú, si ves mejor que yo,
                     procura, Tristán leer.

(Lee.)

Jacinta   «Ya que mal crédito cobras
                     de mis palabras sentidas,
                     dime si serán creídas,
                     pues nunca mienten, las obras.
                        Que si consiste el creerme,
                     señora, en ser tu marido,
                     y ha de dar el ser creído
                     material al favorecerme,
                        por éste, Lucrecia mía,
                     que de mi mano te doy
                     firmado, digo que soy

ya tu esposo don García.»

(Hablan aparte García y Tristán.)

García   ¡Vive Dios, que es mi papel!

Tristán   Pues ¿qué? ¿No lo vio en su casa?

García   Por ventura lo repasa,
                           regalándose con él.

Tristán   Comoquiera te está bien.

García   Comoquiera soy dichoso.

Jacinta   Él es breve y compendioso;
                           o bien siente o miente bien.

García   Volved los ojos, señora,
                           cuyos rayos no resisto.

(Tápanse Lucrecia y Jacinta y hablan aparte.)

Jacinta   Cúbrete, pues no te ha visto,
                           y desengáñate agora.

Lucrecia   Disimula y no me nombres.

García   Corred los delgados velos
                           a ese asombro de los cielos,
                           a ese cielo de los hombres.
                              ¿Posible es que os llego a ver,
                           homicida de mi vida?
                           Mas, como sois mi homicida,

en la iglesia hubo de ser.
Si os obliga a retraer
mi muerte, no hayáis temor,
que de las leyes de amor
es tan grande el desconcierto,
que dejan preso al que es muerto
y libre al que es matador.
    Ya espero que de mi pena
estás, mi bien, condolida,
si el estar arrepentida
os trajo a la Magdalena.
Ved cómo el amor ordena
recompensa al mal que siento,
pues si yo llevé el tormento
de vuestra crueldad, señora,
la gloria me llevo agora,
de vuestro arrepentimiento.
    ¿No me habláis, dueño querido?
¿No os obliga el mal que paso?
¿Arrepentísos acaso
de haberos arrepentido?
Que advirtáis, señora, os pido,
que otra vez me mataréis.
Si porque en la iglesia os veis,
probáis en mí los aceros,
mirad que no ha de valeros
si en ella el delito hacéis.

Jacinta   ¿Conocéisme?

García   ¡Y bien, por Dios!
Tanto, que desde aquel día
que os hablé en la Platería,
no me conozco por vos;

de suerte que, de los dos,
vivo más en vos que en mí;
que tanto, desde que os vi,
en vos transformado estoy,
que ni conozco el que soy
ni me acuerdo del que fui.

Jacinta   Bien se echa de ver que estáis
del que fuisteis olvidado,
pues sin ver que sois casado,
nuevo amor solicitáis.

García   ¡Yo casado! ¿En eso dais?

Jacinta   ¿Pues no?

García   ¡Qué vana porfía!
Fue, por Dios, invención mía,
por ser vuestro.

Jacinta   O por no sello;
y si os vuelven a hablar de ello,
seréis casado en Turquía.

García   Y vuelvo a jurar, por Dios,
que en este amoroso estado,
para todas soy casado
y soltero para vos.

(Aparte a Lucrecia.)

Jacinta   ¿Ves tu desengaño?

Lucrecia (Aparte.)   (¡Ah, cielos!

¿Apenas una centella
siento de amor, y ya de ella
nacen volcanes de celos?)

García   Aquella noche, señora,
que en el balcón os hablé,
¿todo el caso no os conté?

Jacinta   ¿A mí en balcón?

Lucrecia (Aparte.)   (¡Ah, traidora!)

Jacinta   Advertid que os engañáis.
¿Vos me hablasteis?

García   ¡Bien, por Dios!

Lucrecia (Aparte.) (¿Habláisle de noche vos,
y a mi consejos me dais?)

García   Y el papel que recibisteis,
¿negaréislo?

Jacinta   ¿Yo, papel?

Lucrecia (Aparte.) (¡Ved qué amiga tan fiel!)

García   Y sé que lo leísteis.

Jacinta   Pasar por donaire puede,
cuando no daña, el mentir;
mas no se puede sufrir
cuando ese límite excede.

García   ¿No os hablé en vuestro balcón,
                Lucrecia, tres noches ha?

Jacinta (Aparte.)   (¿Yo Lucrecia? Bueno va;
                toro nuevo, otra invención.
                    A Lucrecia ha conocido,
                y es muy cierto el adoralla,
                pues finge, por no enojalla,
                que por ella me ha tenido.)

Lucrecia (Aparte.)   (Todo lo entiendo. ¡Ah Traidora!
                Sin duda que le avisó
                que la tapada fui yo,
                y quiere enmendallo agora
                    con fingir que fue el tenella,
                por mí, la causa de hablalla.)

(A don García.)

Tristán   Negar debe de importalla,
                por la que está junto de ella,
                    ser Lucrecia.

García   Así lo entiendo,
                que si por mí lo negara,
                encubriera ya la cara.
                Pero, no se conociendo,
                    ¿se hablarán las dos?

Tristán   Por puntos
                suele en las iglesias verse
                que parlan, sin conocerse,
                los que aciertan a estar juntos.

García   Dices bien.

Tristán   Fingiendo agora
que se engañaron tus ojos,
lo enmendarás.

García   Los antojos
de un ardiente amor, señora,
  me tienen tan deslumbrado,
que por otra os he tenido.
Perdonad, que yerro ha sido
de esa cortina causado.
  Que, como a la fantasía
fácil engaña el deseo,
cualquiera dama que veo
se me figura la mía.

Jacinta (Aparte.)   (Entendíle la intención.)

Lucrecia (Aparte.)   (Avisóle la taimada.)

Jacinta   Según eso, la adorada
es Lucrecia.

García   El corazón,
  desde el punto que la vi,
la hizo dueña de mi fe.

(A Lucrecia.)

Jacinta   ¡Bueno es esto!

Lucrecia   (¡Que ésta esté
haciendo burla de mí!

No me doy por entendida,
por no hacer aquí un exceso.)

Jacinta   Pues yo pienso que, a estar de eso
cierta, os fuera agradecida
        Lucrecia.

García   ¿Tratáis con ella?

Jacinta   Trato, y es amiga mía;
tanto, que me atrevería
a afirmar que en mí y en ella
        vive solo un corazón.

García (Aparte.)   (¡Si eres tú, bien claro está!
¡Qué bien a entender me da
su recato y su intención!)
        Pues ya que mi dicha ordena
tan buena ocasión, señora,
pues sois ángel, sed agora
mensajera de mi pena.
        Mi firmeza le decid,
y perdonadme si os doy
este oficio.

Tristán (Aparte.)   (Oficio es hoy
de las mozas en Madrid.)

García   Persuadidle que a tan grande
amor ingrata no sea.

Jacinta   Hacedle vos que lo crea,
que yo la haré que se ablanda.

García	¿Por qué no creerá que muero,
	pues he visto su beldad?

Jacinta	Porque si os digo verdad
	no os tiene por verdadero.

García	¡Ésta es verdad, vive Dios!

Jacinta	Hacedle vos que lo crea.
	¿Qué importa que verdad sea,
	si el que la dice sois vos?
	Que la boca mentirosa
	incurre en tan torpe mengua,
	que, solamente en su lengua
	es la verdad sospechosa.

García	Señora...

Jacinta	Basta; mirad
	que dais nota.

García	Yo obedezco.

(A Lucrecia.)

Jacinta	¿Vas contenta?

Lucrecia	Yo agradezco,
	Jacinta, tu voluntad.

(Vanse las dos.)

García	¿No ha estado aguda Lucrecia?
	¡Con qué astucia dio a entender

que le importaba no se
Lucrecia!

Tristán   A fe que no es necia.

García   Sin duda que no quería
que la conociese aquella
que estaba hablando con ella.

Tristán   Claro está que no podía
   obligalla otra ocasión
a negar cosa tan clara,
porque a ti no te negara
que te habló por su balcón,
   pues ella misma tocó
los puntos de que tratasteis
cuando por él os hablasteis.

García   En eso bien mi mostró
   que de mí no se encubría.

Tristán   Y por eso dijo aquello:
«Y si os vuelven a hablar de ello,
seréis casado en Turquía.»
   Y esta conjetura abona
más claramente el negar
que era Lucrecia y tratar
luego en tercera persona
   de sus propios pensamientos,
diciéndote que sabía
que Lucrecia pagaría
tus amorosos intentos,
   con que tú hicieses, señor,
que los llegase a creer.

| García | ¡Ay, Tristán! ¿Qué puedo hacer
para acreditar mi amor? |

| Tristán | ¿Tú quieres casarte? |

| García | Sí. |

| Tristán | Pues pídela. |

| García | ¿Y si resiste? |

| Tristán | Parece que no le oíste
lo que dijo agora aquí:
    «Hacedla vos que lo crea,
que yo la haré que se ablande.»
¿Qué indicio quieres más grande
de que ser tuya desea?
    Quien tus papeles recibe,
quien te habla en sus ventanas,
muestras ha dado bien llanas
de la afición con que vive.
    El pensar que eres casado
la refrena solamente,
y queda ese inconveniente
con casarte remediado;
    pues es el mismo casarte,
siendo tan gran caballero,
información de soltero.
Y, cuando quiera obligarte
    a que des información,
por el temor con que va
de tus engaños, no está
Salamanca en el Japón. |

García   Sí está para quien desea,
                que son ya siglos en mí
                los instantes.

Tristán   Pues aquí,
                ¿No habrá quien testigo sea?

García   Puede ser.

Tristán   Es fácil cosa.

García   Al punto lo buscaré.

Tristán   Uno, yo te lo daré.

García   ¿Y quién es?

Tristán   Don Juan de Sosa.

García   ¿Quién? ¡Don Juan de Sosa!

Tristán   Sí.

García   Bien lo sabe.

Tristán   Desde el día
                que te habló en la Platería
                no le he visto, ni él a ti.
                Y, aunque siempre he deseado
                saber qué pesar te dio
                el papel que te escribió,
                nunca te lo he preguntado,
                viendo que entonces, severo

negaste y descolorido;
mas agora, que he venido
tan a propósito, quiero
   pensar que puedo, señor,
pues secretario me has hecho
del archivo de tu pecho,
y se pasó aquel furor.

García   Yo te lo quiero contar,
que, pues sé por experiencia
tu secreto y tu prudencia,
bien te lo puedo fiar.
   A las siete de la tarde
me escribió que me aguardaba
en San Blas don Juan de Sosa
para un caso de importancia.
Callé, por ser desafío,
que quiere, el que no lo calla,
que le estorben o le ayuden,
cobardes acciones ambas.
Llegué al aplazado sitio,
donde don Juan me aguardaba
con su espada y con sus celos,
que son armas de ventaja.
Su sentimiento propuso,
satisfice a su demanda,
y, por quedar bien, al fin,
desnudamos las espadas.
Elegí mi medio al punto,
y, haciéndole una ganancia
por los grados del perfil,
le di una fuerte estocada.
Sagrada fue de su vida
un Agnus Dei que llevaba,

que, topando en él la punta,
hizo dos partes mi espada.
Él sacó pies del gran golpe;
pero, con ardiente rabia,
vino, tirando una punta;
mas yo, por la parte flaca,
cogí su espada, formando
un atajo. Él presto saca
—como la respiración
tan corta línea le tapa,
por faltarle los dos tercios
a mi poco fiel espada—
la suya, corriendo filos,
y, como cerca me halla
—porque yo busqué el estrecho
por la alta de mis armas—
a la cabeza, furioso,
me tiró una cuchillada.
Recibíla en el principio
de su formación, y baja,
matándole el movimiento
sobre la suya mi espada.
¡Aquí fue Troya! Saqué
un revés con tal pujanza,
que la falta de mi acero
hizo allí muy poca falta;
que, abriéndole en la cabeza
un palmo de cuchillada,
vino sin sentido al suelo,
y aun sospecho que sin alma.
Dejéle así y con secreto
me vine. Esto es lo que pasa,
y de no verle estos días,
Tristán, es ésta la causa.

Tristán   ¡Qué suceso tan extraño!
            ¿Y si murió?

García   Cosa es clara,
            porque hasta los mismos sesos
            esparció por la campaña.

Tristán   ¡Pobre don Juan...! Mas, ¿no es éste
            que viene aquí?

(Salen don Juan y don Beltrán por otra parte.)

García   ¡Cosa extraña!

Tristán   ¿También a mí me la pegas?
            ¿Al secretario del alma?
(Aparte.)   (¡Por Dios, que se le creí,
            con conocelle las mañas!
            Mas ¿a quién no engañarán
            mentiras tan bien trobadas?)

García   Sin duda que le han curado
            por ensalmo.

Tristán   Cuchillada
            que rompió lo mismos sesos,
            ¿en tan breve tiempo sana?

García   ¿Es mucho? Ensalmo sé yo
            con que un hombre, en Salamanca,
            a quien cortaron a cercen
            un brazo con media espalda,
            volviéndosela a pegar,

en menos de una semana
quedó tan sano y tan bueno
como primero.

Tristán
           ¡Ya escampa!

García .
Esto no me lo contaron;
yo lo vi mismo.

Tristán
           Eso basta.

García
¡De la verdad, por la vida,
no quitaré una palabra!

Tristán (Aparte.)
(¡Que ninguno se conozca!)
Señor, mis servicios paga
con enseñarme ese salmo.

García
Está en dicciones hebraicas,
y, si no sabes la lengua,
no has de saber pronunciarlas.

Tristán
Y tú, ¿sábesla?

García
           ¡Qué bueno!
Mejor que la castellana.
Hablo diez lenguas.

Tristán (Aparte.)
           (Y todas
para mentir no te bastan.
«Cuerpo de verdades lleno»
con razón el tuyo llaman,
pues ninguna sale de él
ni hay mentira que no salga.)

(Hablan aparte don Beltrán y don Juan.)

Beltrán   ¿Qué decís?

Juan   Esto es verdad.
                 Ni caballero ni dama
                 tiene, si mal no me acuerdo,
                 de esos nombres Salamanca.

Beltrán (Aparte.)   (Sin duda que fue invención
                 de García, cosa es clara.
                 Disimular me conviene.)
                 Gocéis por edades largas,
                 con una rica encomienda,
                 de la cruz de Calatrava.

Juan   Creed que siempre he de ser
                 más vuestro cuando más valga.
                 Y perdonadme, que ahora,
                 por andar dando las gracias
                 a esos señores, no os voy
                 sirviendo hasta vuestra casa.

(Vase don Juan.)

Beltrán (Aparte.)   (¡Válgame Dios! ¿Es posible
                 que a mí no me perdonaran
                 las costumbres de este mozo?
                 ¿Que aun a mí en mis propias canas,
                 me mintiese, al mismo tiempo
                 que riñéndoselo estaba?
                 ¿Y que le creyese yo,
                 en cosa tan de importancia,

tan presto, habiendo ya oído
de sus engaños la fama?
Mas ¿quién creyera que a mí
me mintiera, cuando estaba
reprehendiéndole eso mismo?
Y ¿qué juez se recelara
que el mismo ladrón le robe,
de cuyo castigo trata?)

Tristán   ¿Determinaste a llegar?

García   Sí, Tristán.

Tristán   Pues Dios te valga.

García   Padre...

Beltrán   ¡No me llames padre,
vil! Enemigo me llama,
que no tiene sangre mía
quien no me parece en nada.
Quítate de ante mis ojos,
que, por Dios, si no mirara...

Tristán   ¡El mar está por el cielo;
mejor ocasión aguarda!

Beltrán   ¡Cielos! ¿Qué castigo es éste?
¿Es posible que a quien ama
la verdad como yo, un hijo
de condición tan contraria
le diésedes? ¿Es posible
que quien tanto su honor guarda
como yo, engendrase un hijo

de inclinaciones tan bajas,
y a Gabriel, que honor y vida
daba a mi sangre y mis canas,
llevásedes tan en flor?
Cosas son que, a no mirarlas
como cristiano...

García (Aparte.)   (¿Qué es esto?)

Tristán   Quítate de aquí! ¿Qué aguardas?

Beltrán   Déjanos solos, Tristán.
Pero vuelve, no te vayas;
por ventura, la vergüenza
de que sepas tú su infamia
podrá en él lo que no pudo
el respeto de mis canas.
Y, cuando ni esta vergüenza
le obligue a enmendar sus faltas,
servirále, por lo menos
de castigo el publicallas.
Di, liviano, ¿qué fin llevas?
Loco, di, ¿qué gusto sacas
de mentir tan sin recato?
Y, cuando con todos vayas
tras tu inclinación, ¿conmigo
siquiera no te enfrenaras?
¿Con qué intento el matrimonio
fingiste de Salamanca,
para quitarles también
el crédito a mis palabras?
¿Con qué cara hablaré yo
a los que dije que estabas
con doña Sancha de Herrera

desposado? ¿Con qué cara,
cuando, sabiendo que fue
fingida esta doña Sancha,
por cómplices del embuste,
infamen mis nobles canas?
¿Qué medio tomaré yo
que saque bien esta mancha,
pues, a mejor negociar,
si de mí quiero quitarla,
he de ponerla en mi hijo,
y, diciendo que la causa
fuiste tú, he de ser yo mismo
pregonero de tu infamia?
Si algún cuidado amoroso
te obligó a que me engañaras,
¿qué enemigo te oprimía?
¿Qué puñal te amenazaba,
sino un padre, padre al fin?
Que este nombre solo basta
para saber de qué modo
le enternecieran tus ansias.
¡Un viejo que fue mancebo,
y sabe bien la pujanza
con que en pechos juveniles
prenden amorosas llamas!

García

Pues si lo sabes, y entonces
para excusarme bastara,
para que mi error perdones
agora, padre, me valga.
Parecerme que sería
respetar poco tus canas
no obedecerte, pudiendo,
me obligó a que te engañara.

Error fue, no fue delito;
no fue culpa, fue ignorancia;
la causa, amor; tú, mi padre.
¡Pues tú dices que esto basta!
Y ya que el daño supiste,
escucha la hermosa causa,
porque el mismo dañador
el daño te satisfaga.
Doña Lucrecia, la hija
de don Juan de Luna, es alma
de esta vida, es principal
y heredera de su casa;
y, para hacerme dichoso
con su hermosa mano, falta
solo que tú lo consientas
y declares que la fama
de ser yo casado tuvo
ese principio, y es falsa.

Beltrán   No, no. ¡Jesús! ¡Calla! ¿En otra
                 habías de meterme? Basta.
                 Ya, si dices que ésta es luz,
                 he de pensar que me engañas.

García   No, señor; lo que a las obras
                 se remite, es verdad clara,
                 y Tristán, de quien te fías,
                 es testigo de mis ansias.
                 Dile, Tristán.

Tristán   Sí, señor;
                 lo que dice es lo que pasa.

Beltrán   ¿No te corres de esto? Di.

¿No te avergüenza que hayas
menester que tu criado
acredite lo que hablas?
Ahora bien; yo quiero hablar
a don Juan, y el cielo haga
que te dé a Lucrecia, que eres
tal, que es ella la engañada.
Mas primero he de informarme
en esto de Salamanca,
que ya temo que, en decirme
que me engañaste, me engañas.
Que, aunque la verdad sabía
antes que hablarte llegara,
la has hecho ya sospechosa
tú, con solo confesarla.

(Vase don Beltrán.)

García   ¡Bien se ha hecho!

Tristán   ¡Y cómo bien!
que yo pensé que hoy probabas
en ti aquel salmo hebreo
que brazos cortados sana.

(Vanse los dos.)

[Sala con vistas a un jardín, en casa de don Juan de Luna.]

(Salen don Juan, viejo, y don Sancho.)

Juan   Parece que la noche ha refrescado.

Sancho   Señor don Juan de Luna, para el río,

éste es fresco, en mi edad, demasiado.

Juan   Mejor será que en ese jardín mío
se nos ponga la mesa, y que gocemos
la cena con sazón, templado el frío.

Sancho   Discreto parecer. Noche tendremos
que dar a Manzanares más templada,
que ofenden la salud estos extremos.

(Hacia adentro.)

Juan   Gozad de vuestra hermosa convidada
por esta noche en el jardín, Lucrecia.

Sancha   Veáisla, quiera Dios, bien empleada,
que es un ángel.

Juan   Demás de que no es necia,
y ser, cual veis, don Sancho, tan hermosa,
menos que la virtud la vida precia.

(Sale un Criado.)

Criado   Preguntando por vos, don Juan de Sosa
a la puerta llegó y pide licencia.

Sancho   ¿A tal hora?

Juan   Será ocasión forzosa.

Sancho   Entre el señor don Juan.

(Vase el Criado. Sale don Juan, galán, con un papel.)

Juan de S   A esa presencia,
                 sin el papel que veis, nunca llegara;
                 mas ya con él, faltaba la paciencia,
                 que no quiso el amor que dilatara
                 la nueva un punto, si alcanzar la gloria
                 consiste en eso, de mi prenda cara.
                 Ya el hábito salió; si en la memoria
                 la palabra tenéis que me habéis dado,
                 colmaréis, con cumplirla, mi victoria.

Sancho   Mi fe, señor don Juan, habéis premiado
                 con no haber esta nueva tan dichosa
                 por un momento solo dilatado.
                 A darlo voy a mi Jacinta hermosa,
                 y perdonad que, por estar desnuda,
                 no la mando salir.

(Vase don Sancho.)

Juan de L   Por cierta cosa
                 tuve siempre el vencer, que el cielo ayuda
                 la verdad más oculta, y premiada
                 dilación pudo haber, pero no duda.

(Salen don García, don Beltrán, y Tristán por otra puerta.)

Beltrán   Ésta no es ocasión acomodada
                 de hablarle, que hay visita, y una cosa
                 tan grave a solas ha de ser tratada.

García   Antes nos servirá don Juan de Sosa
                 en lo de Salamanca por testigo.

Beltrán   ¡Que lo hayáis menester! ¡Qué infame cosa!
          En tanto que a don Juan de Luna digo
          nuestra intención, podréis entretenello.

Juan de L   ¡Amigo don Beltrán!

Beltrán   ¡Don Juan, amigo!

Juan de L   ¿A tales horas tal exceso?

Beltrán   En ello
          conoceréis que estoy enamorado.

Juan de L   Dichosa la que pudo merecello.

Beltrán   Perdón me habéis de dar; que haber hallado
          la puerta abierta, y la amistad que os tengo,
          para entrar sin licencia me la han dado.

Juan de L   Cumplimientos dejad, cuando prevengo
          el pecho a la ocasión de esta venida.

Beltrán   Quiero deciros, pues, a lo que vengo.

(Don García habla aparte a don Juan de Sosa.)

García   Pudo, señor don Juan, ser oprimida
          de algún pecho de envidia emponzoñado
          verdad tan clara, pero no vencida.
          Podéis, por Dios, creer que me ha alegrado
          vuestra victoria.

Juan de S   De quien sois lo creo.

García

> Del hábito gocéis encomendado,
> como vos merecéis y yo deseo.

Juan de L

> Es en eso Lucrecia tan dichosa,
> que pienso que es soñado el bien que veo.
> Con perdón del señor don Juan de Sosa,
> oíd una palabra, don Garcia.
> Que a Lucrecia queréis por vuestra esposa
> me ha dicho don Beltrán.

García

> El alma mía,
> mi dicha, honor y vida está en su mano.

Juan de L
(Danse las manos.)

> Yo, desde aquí, por ella os doy la mía;
> que como yo sé en eso lo que gano,
> lo sabe ella también, según la he oído
> hablar de vos.

García

> Por bien tan soberano,
> los pies, señor don Juan de Luna, os pido.

(Salen don Sancho, Jacinta y Lucrecia.)

Lucrecia

> Al fin, tras tanto contrastes,
> tu dulce esperanzas logras.

Jacinta

> Con que tú logres la tuya
> seré del todos dichosa.

Juan de L

> Ella sale con Jacinta
> ajena de tanta gloria,
> más de calor descompuesta
> que aderezada de boda.
> Dejad que albricias le pida

de una nueva tan dichosa.

(Hablan aparte don García y don Beltrán.)

Beltrán   Acá está don Sancho. ¡Mira
                   en qué vengo a verme agora!

García   Yerros causados de amor,
                   quien es cuerdo los perdona.

(A don Juan, viejo.)

Lucrecia   ¿No es casado en Salamanca?

Juan de L   Fue invención suya engañosa,
                   procurando que su padre
                   no le casase con otra.

Lucrecia   Siendo así, mi voluntad
                   es la tuya, y soy dichosa.

Sancho   Llegad, ilustres mancebos,
                   a vuestras alegres novias;
                   que dichosas se confiesan
                   y os aguardan amorosas.

García   Agora de mis verdades
                   darán probanza las obras.

(Vanse don García y don Juan de Sosa a Jacinta.)

Juan de S   ¿Adónde vais, don García?
                   Veis allí a Lucrecia hermosa.

García	¿Cómo Lucrecia?
Beltrán	¿Qué es esto?

(A Jacinta.)

García	Vos sois mi dueño, señora.
Beltrán	¿Otra tenemos?
García	Si el nombre erré, no erré la persona. Vos sois a quien yo he pedido, y vos la que el alma adora.
Lucrecia (Saca un papel.)	Y este papel engañoso, que es de vuestra mano propia, ¿lo que decís no desdice?
Beltrán	¡Que en tal afrenta me pongas!
Juan de S	Dadme, Jacinta, la mano, y daréis fin a estas cosas.
Sancho	Dale la mano a don Juan.

(A don Juan de Sosa.)

Jacinta	Vuestra soy.
García	Perdí mi gloria.
Beltrán	¡Vive Dios, si no recibes a Lucrecia por esposa,

que te he de quitar la vida!

Juan de L   La mano os he dado agora
por Lucrecia, y me la disteis;
si vuestra inconstancia loca
os ha mudado tan presto,
yo lavaré mi deshonra
con sangre de vuestras venas.

Tristán   Tú tienes la culpa toda;
que si al principio dijeras
la verdad, ésta es la hora
que de Jacinta gozabas.
Ya no hay remedio, perdona,
y da la mano a Lucrecia,
que también es buena moza.

García   La mano doy, pues es fuerza.

Tristán   Y aquí verás cuán dañosa
es la mentira; y verá
el senado que, en la boca
del que mentir acostumbra,
es la verdad sospechosa.

Fin de la comedia

Libros a la carta

A la carta es un servicio especializado para

empresas,

librerías,

bibliotecas,

editoriales

y centros de enseñanza;

y permite confeccionar libros que, por su formato y concepción, sirven a los propósitos más específicos de estas instituciones.

Las empresas nos encargan ediciones personalizadas para marketing editorial o para regalos institucionales. Y los interesados solicitan, a título personal, ediciones antiguas, o no disponibles en el mercado; y las acompañan con notas y comentarios críticos.

Las ediciones tienen como apoyo un libro de estilo con todo tipo de referencias sobre los criterios de tratamiento tipográfico aplicados a nuestros libros que puede ser consultado en Linkgua-ediciones.com.

Linkgua edita por encargo diferentes versiones de una misma obra con distintos tratamientos ortotipográficos (actualizaciones de carácter divulgativo de un clásico, o versiones estrictamente fieles a la edición original de referencia).

Este servicio de ediciones a la carta le permitirá, si usted se dedica a la enseñanza, tener una forma de hacer pública su interpretación de un texto y, sobre una versión digitalizada «base», usted podrá introducir interpretaciones del texto fuente. Es un tópico que los profesores denuncien en clase los desmanes de una edición, o vayan comentando errores de interpretación de un texto y esta es una solución útil a esa necesidad del mundo académico.

Asimismo publicamos de manera sistemática, en un mismo catálogo, tesis doctorales y actas de congresos académicos, que son distribuidas a través de nuestra Web.

El servicio de «libros a la carta» funciona de dos formas.

1. Tenemos un fondo de libros digitalizados que usted puede personalizar en tiradas de al menos cinco ejemplares. Estas personalizaciones pueden ser de todo tipo: añadir notas de clase para uso de un grupo de estudiantes, introducir logos corporativos para uso con fines de marketing empresarial, etc. etc.

2. Buscamos libros descatalogados de otras editoriales y los reeditamos en tiradas cortas a petición de un cliente.